EDUCANDO CON AM♡R y DISCIPLINA

EDUCANDO CON AMOR Y DISCIPLINA

Dra. Isabel Abreu de Ferri

Educando con amor y disciplina

© Isabel Cristina Abreu de Ferri, 2018
e-mail: isabelabreu56@hotmail.com

Hecho el Depósito de Ley
ISBN: 978-980-18-0320-1

Producción editorial: Yessica L. Soto González

Edición y Corrección: Gladys García Riera
Responsable de la edición: Gladys García Riera
Diseño y diagramación: Yessica L. Soto González
Foto de portada: Carlos Almedo

Si estuvieran planeando el futuro por un año, planten una semilla; para diez años, planten un árbol, mas si planearan para cien años, eduquen a los niños.

Estudia como si nunca fueras a aprender bastante, como si temieras olvidar lo aprendido.
Confucio

*A Dios
fuente de luz y creador del universo,
por permitirme comprender que el mayor tesoro del mundo se
encuentra plasmado en la armonía que puede existir dentro y
fuera de nuestro ser.*

*Si aprendemos a canalizar en forma adecuada nuestras
emociones, podemos utilizar la fuerza que emana de nuestros
instintos, para alimentar la valentía que nos hará traspasar las
barreras de lo humano y diluirnos con lo divino.*

Índice

TALENTO Y CREATIVIDAD

HABILIDADES QUE NOS CONECTAN CON EL ÉXITO

Isabel Abreu de Ferri, pediatra y madre, comienza esbozando frases que conducen a afirmar que los defectos no existen sino que hay ausencia de virtudes, lo que para mí es vital. Palabras sordas que aumentan de volumen hasta retumbar en nuestras consciencias. ¡Cuántas virtudes apagadas dejamos de ver y cuántas oportunidades se perdieron en el camino de la adultez! La doctora Abreu nos regala las líneas maestras de qué hacer y sobre todo qué no hacer en el fascinante proyecto de la educación de nuestros hijos. Pero va más allá, tiene la osadía de echar mano a ese niño interior que ignoramos y que de él, con toda razón, G.K. Chesterton ha comentado que "el niño es anterior a nosotros, el niño es el pasado de nuestra existencia y de él nos olvidamos y olvidamos su creatividad"[1].

La doctora Abreu plasma en cada una de sus líneas una confianza plena. Su formación académica, el aprendizaje empírico en la relación con sus pacientes, su rol como madre y esposa, y sus vivencias de hogar confluyen en esa especie de sabiduría natural que es lo que hace tan inspiradora la lectura de este libro. Nos enseña a ser padres descubriendo nuestro propio niño: *lo obvio e ignorado, el contrasentido de que los adultos no somos capaces de comprender lo que es evidente para un niño*: "el niño es el padre del hombre, paradójicamente es mayor que el hombre, su existencia es anterior y sus recuerdos más antiguos. El niño ha pasado toda la vida con el adulto, estaba incluso antes de que el adulto naciera, y sin embargo, el adulto ni conoce ni comprende al niño"[2]. ¡Y a ese niño que nos enseña hay que rescatarlo!

Por otro lado, ella hace un llamado a la reconquista de ese aspecto maravilloso que es la vida

---

1. Gilbert Keith Chesterton (1874-1936, Londres) es un crítico, novelista y poeta inglés. Maestro de la crónica y paradójica lógica, conocido son el epíteto de "Príncipe de la paradoja".
2. Joseph Pearce, *G.K. Chesterton. Sabiduría e inocencia*, Carmen González del Yerro Valdés; trad., Madrid, Encuentro Ediciones, 2009, p. 19.

familiar. El hogar es un templo y los códigos de la intimidad de la familia son sagrados, ambos, proveedores indispensable de ese sustento afectivo para llevar a cabo una adultez sana y feliz. De allí la importancia de que en el hogar se induzca a desarrollar el saber afrontar el entorno:

> La resiliencia es la capacidad de una persona para adaptarse con éxito al estrés, al trauma o a la adversidad. Sabemos que un estrés muy severo en la infancia se correlaciona con algún tipo de psicopatología en la edad adulta. Por el contrario, un estrés tolerable en la infancia activa centros de recompensa, de motivación, centros emocionales, circuitos cerebrales de adaptación al miedo y a la recompensa que actuarían como protectores frente a la adversidad en la edad adulta.[3]

Cada página es una lectura de optimismo abordando los conflictos y soluciones con una inequívoca y didáctica sencillez de aciertos. Aprendimos que compartir tiempo con los hijos favorece al apego

---

3. Palabras de Facundo Manes, quien es un neurólogo y neurocientífico argentino, fundador del INECU en Buenos Aires.

y contribuye a que sean emocionalmente más seguros; para ello, hay que rescatar la empatía, esa capacidad de ponernos en el lugar de nuestros hijos y entender definitivamente que nunca podrán pensar como adultos. Debemos dejar de usarlos como colectores de descargas de nuestras propias frustraciones y carencias. Tenemos que activar el sentido común, esa combinación de memoria selectiva, ingenuidad y grandeza de ánimo, entre otros ingredientes, para así poder entender el laberinto mágico del pensamiento infantil.

Quisiera agradecer la especial deferencia y el honor de hacer esta presentación. Se convirtió en una revisión hacia adentro. Constaté que ese actuar exageradamente maduro, no es más que un mecanismo de defensa por el pudor de mostrar la vulnerable ingenuidad de niños ante el mundo. Este libro no es solo un libro para aprender a ser mejores padres, ni un manual de normas y reglas de teorizaciones para la óptima educación de nuestros hijos. Es un tratado sencillamente vivencial, que nos saca lo más creativo de nuestro adulto –por no decir niños– y lo más humano de nuestra racionalidad, ¡bravo!

Al final descubrimos un hecho provocador: que siempre volvemos a ser niños aun siendo muy adultos o viejos. Probablemente el mayor propósito del ser humano es trascender en esta vida y ser recordado. Doctora Abreu, con toda franqueza, usted ya ha trascendido en el alma de todas esas personas que ahora son mejores padres. Usted trasciende en los corazones de esos niños que día a día se convierten en adultos más felices. Usted con su fe ya trascendió en la memoria de Dios… ¡Felicitaciones!

Dr. Rodolfo Pereyra

EL ENTORNO FAMILIAR

Ser padres

El rol de ser padre consiste en educar cotidianamente a tu hijo sembrando en él hábitos de vida que le permitan ser un individuo honesto y organizado, y orientándolo en el desarrollo y mantenimiento de su autoestima para que pueda ejercer el control de su existencia. Hay que motivarlo a desarrollar sus talentos para que crezca como un ser útil e independiente, enseñarle a controlar sus impulsos y emociones para que pueda disfrutar sus vivencias y enfrentar equilibradamente sus desafíos. Las normas de convivencia deben fomentarse para que pueda interactuar en forma civilizada con su entorno y se le debe instruir en mantener su cuerpo saludable a través de la buena alimentación y el deporte. De esta manera *construiremos* un individuo sano, civilizado, independiente, feliz y exitoso.

Analiza, a ti como padre educador te corresponde sembrar en tu hijo normas y hábitos de vida apropiados y cultivar estos con disciplina y firmeza, teniendo siempre presente que los padres son guías educadores, por lo cual debes ofrecer todos estos lineamientos en forma clara y precisa, con amor, paciencia, tolerancia y respeto.

Observa las actitudes cotidianas de tu hijo, así verificarás si comprendió la información que tú le has brindado y si esta quedó plantada en él como hábito de vida. Tu prioridad como padre siempre debe ser cómo sembrar virtudes en tu hijo y luego hacer que él asuma las consecuencias que generan sus actitudes, o en su defecto, la omisión de ellas.

El secreto más importante para ti como padre educador es estar consciente de que los defectos no existen y es verdad que muchas veces vas a percibir en tu hijo la ausencia de cualidades, que como consecuencia generan en él conductas inadecuadas. *Recuerda siempre* que tu hijo es un ser perfecto y que simplemente hay momento en su vida donde adopta actitudes incorrectas.

Tu rol de padre consiste en ser educador y no un director de orquesta. Educar a los hijos no es cambiarles su esencia, porque ella es sagrada, es enseñarles a conocer la palabra espacio y a través de normas y autoridad moral, sembrar en ellos hábitos que le permitan convivir en armonía consigo mismo y con su entorno (civilizarlo).

Como padre mereces que tu hijo te trate con tolerancia, amor y respeto y que en tu hogar exista paz y armonía. Estas habilidades sociales solo se pueden enseñar en el hogar, donde tu hijo las observa, copia y luego las repite. La ausencia o escasez de ellas le impedirá a tu hijo interactuar en forma adecuada con su entorno y principalmente con ustedes que son sus padres.

Educar no es manejar a tu hijo como si fuera una marioneta –párate, péinate, cepíllate los dientes, estudia, no te sientes así, no hables así, saluda, despídete–, ni pensarlo como un ser superdotado que debiera tener todos los conocimientos que aspiras que él posea para que te puedas sentir tranquilo y orgulloso de su existencia. No es así. Es simplemente comprender que Dios te ha entregado un ser maravilloso, con un gran potencial que determina la razón de su existencia, pero con pocas nociones sobre el camino que debe recorrer para hacerlo realidad, y es tu deber como padre enseñar todas las herramientas que necesita para poder descubrirlo y desarrollarlo para su beneficio y el beneficio colectivo, permitiéndole insertarse en la sociedad como un ser útil, independiente y pleno.

Siembra en tu hijo el hábito de ser libre e independiente, el de desarrollar sus talentos, de tomar sus propias decisiones, de ser consciente y disfrutar sus logros, y de asumir con responsabilidad las consecuencias de sus actos mientras convive en armonía consigo mismo y su entorno.

La pareja y la familia

La familia proporciona unos valores que quedan para toda tu vida. Una familia unida y llena de amor es el lujo más difícil de conseguir.
Daryl Hannah

Vivir en pareja es el vínculo que establecen dos seres que sienten atracción entre sí y deciden compartir un mismo espacio para acompañarse, apoyarse y complacerse mutuamente. Hay semejanzas que los unen, pero también van a tener diferencias en su forma de pensar, sentir y ser, las cuales si ellos deciden permanecer unidos deben saber reconocerlas con honestidad y manejarlas en forma justa, con tolerancia y respeto.

Antes de iniciar la convivencia, la pareja debe saber que el vínculo que se va a concebir entre ellos surge de una decisión responsable y personal. Por lo tanto, deben establecer con sinceridad normas claras y precisas, donde ambas partes se sientan cómodamente identificadas. Tener claro que la estabilidad de esta relación dependerá de la honestidad, firmeza y constancia que ambos aporten para mantenerse apegados a las normas de convivencia. Este proceder le dará firmeza a la relación y los definirá como *familia*.

Cuando dos personas deciden convivir en forma estable deben comprender que conformaron un equipo, donde ambas partes tiene que asumir una actitud negociadora, aceptando ceder en algunos momentos con el fin de mantener una convivencia equilibrada y perdurable. Es decir, hacer prevalecer la relación por encima de los intereses personales. Ante lo cual ambos deben entregarse con confianza, amor, tolerancia y respeto logrando con ello obtener compañía, apoyo y otros beneficios que no se pueden alcanzar de forma individual. El secreto estriba en la honestidad que manifiesten cada uno de ellos, consigo mismo y con su pareja, lo que es lo mismo que tener bien identificados las metas, los principios, las prioridades y los valores, y reconociendo en cuáles de ellos se está dispuesto a ceder y en cuáles no.

La familia es la institución más importante para los individuos y para la sociedad, porque es el espacio donde cada
persona se siente amada, aceptada,
comprendida, respetada, acompañada y
apoyada. Es también el ambiente donde
se inculcan los valores morales y se estimula el desarrollo de los talentos, para
que los individuos puedan integrarse a
la sociedad como personas civilizadas y
fructíferas.

¡Examina con detenimiento! La mayoría de las
personas tienen claro que la vida en pareja es mucho más fácil y llevadera que vivir en soledad, pero
de lo que muchas de ellas no están consciente es que
la estabilidad de esa unión va a depender, casi exclusivamente, de las normas de convivencia que ellas
con sinceridad establezcan y que con autodisciplina
y autoridad moral cumplan.

Las normas de convivencia en una pareja deben
servir para apoyarse mutuamente, permitir desarrollar sus talentos, trabajar para suplir sus necesidades, disfrutar sus cuerpos, y alcanzar sus objetivos

personales e interpersonales, ayudándose siempre el uno al otro como un gran equipo, al crear entre sí una interdependencia en ciertos espacios, mas no una dependencia. Debe ser un equipo donde ambos puedan confiar el uno en el otro y se sientan cómodos, amados, respetados y seguros, para lo cual deben actuar constantemente con honestidad, amor, respeto, tolerancia y justicia.

Cuando las normas de convivencia se establecen en forma clara y precisa y se cumplen con disciplina de manera justa, ofreciendo y recibiendo constantemente reconocimientos positivos de ambos lados, cada uno de los integrantes se sentirá satisfecho y comprometido con el rol que le corresponde desempeñar. Esto mantendrá en la pareja la motivación para persistir unidos y mejorar en equipo día tras día la calidad de esta relación.

Las normas de convivencia consisten en pautas de cómo actuar ante diferentes circunstancias, bien sea libremente, bajo ciertos límites o simplemente renunciando a hacerlo, con el fin de fortalecer las conductas adecuadas e impedir comportamientos que puedan lesionar a la persona involucrada, la pareja o a su entorno.

Cuando a la familia se le suman nuevos integrantes –hijos, padres, hermanos, etc.– estas personas deben saber y aceptar que las normas de convivencia de ese hogar solo las determinan los fundadores del mismo y que no son otros que la pareja. Todos los que habiten allí, sin excepción, deben asimilarlas y respetarlas; si estos reglamentos en algunos momentos hacen sentir a alguno de ellos que se le invade su capacidad de tomar decisiones generándoles sentimientos de frustración, se hace necesario explicar que estas normas no son algo personal, ni son negociables y que su finalidad es mantener el bienestar físico y psíquico del grupo familiar.

La ausencia de normas claras, precisas y sencillas, expresadas de manera incorrecta o violenta trae como consecuencia confusión en los receptores, quienes actuarán en forma irregular generando desorganización y caos a nivel familiar y social.

Cómo educar a tu hijo

Cuida tus pensamientos porque se volverán actos.
Cuida tus actos porque se harán costumbre.
Cuida tus costumbres porque formarán tu carácter.
Cuida tu carácter porque formará tu destino
y tu destino será tu vida.
Mahatma Gandhi

Tu hijo observa y copia cotidianamente los patrones de convivencia y el lenguaje corporal, verbal o visual que tú utilizas en el día a día, de tal manera que él termina reaccionando a los diferentes estímulos, tal cual lo ha registrado en su memoria, por esto se dice que el niño es un espejo del hogar donde vive y de sus padres, quienes con su actitud cotidiana están sembrando en él sus hábitos de vida.

Tu hijo es el retrato donde te ves reflejado todos los días, porque todo lo que él está observando en ti, tú lo estás esparciendo en él. Si tú como padre tienes paciencia él la tendrá contigo. Si tú hasta en los momentos más difíciles tienes autocontrol y manejas un tono de voz y expresión corporal en forma adecuada y respetuosa, tu hijo te imitará y más temprano que tarde lo usará a tu favor.

Ten siempre presente que la mejor forma de sembrar en tu hijo los hábitos de una persona feliz y exitosa son los reconocimientos positivos, que debes ofrecerle cada vez que él esté actuando en forma adecuada. Esto permitirá que él mantenga su autoestima alta y quiera llamar tu atención a través de conductas civilizadas.

Motiva constantemente a tu hijo, enséñale que el éxito consiste en alcanzar un propósito preestablecido, el cual debe buscar siempre en su interior, observando y reconociendo cuáles son realmente sus necesidades (lo imprescindible para vivir) y sus intereses (objetivos que le brindan bienestar físico o psicológico), que los organice por orden de prioridades y que piense en cómo hacer para obtenerlos, que se asigne cotidianamente una meta por la cual esforzarse y que luche con constancia y disciplina hasta alcanzarla. Luego que agradezca a Dios por su logro y lo disfrute.

¿Cómo sembrar en tu hijo? Enséñale cotidianamente cómo deben hacerse las cosas y analizar para

qué se están haciendo de esa forma, qué espera conseguir con esa acción, qué talento está desarrollando, cómo con su actitud puede ayudar a otras personas para que estos logren tener mejor calidad de vida, qué nuevo aprendizaje está adquiriendo, qué satisfacción personal piensa obtener con lo que está haciendo, cuáles son las consecuencias positivas y negativas que esa actitud va a traer para él y su entorno, y cómo con responsabilidad él debe asumir los resultados de sus actos resolviendo siempre en forma de ganancia recíproca. Esfuérzate en conducirlo a caminar consciente de sus pisadas, formulándose argumentos y actuando con responsabilidad.

Los padres ante cualquier situación –generalmente inducidos por sus temores y el poco tiempo que tienen para dedicar a sus hijos– se preocupan y llenos de ansiedad, lo primero que hacen es explicar rápidamente al niño lo que *no debe hacer*, sin haberle enseñado previamente cuál es la conducta correcta que ellos esperan de él.

Según la técnica de la Programación Neurolingüística, el cerebro trabaja a través de imágenes. Si yo te digo no pienses en tu teléfono, ¿en qué piensas inmediatamente? En ese aparato aunque después puedas procesar el *no* y aceptes que debes ignorarlo. Entonces, podemos deducir que si le dices a tu hijo lo que no quieres que haga –no corras, no grites– inconscientemente lo puedes estar canalizando a hacerlo. Luego cuando observas sus acciones, pensarás que tu hijo no te respeta o, en su defecto, se está haciendo el sordo. Lo que realmente ocurrió es que el mensaje fue dado en forma incorrecta, porque lo ideal es especificarle en forma firme y precisa, lo que tú quieres que él haga –por favor camina, o baja el tono de voz por favor–.

Las técnicas de comunicación nos explican que si los mensajes son enviados con alta carga emotiva estos serán más impactantes y más fáciles de seguir y repetir, por lo que cada vez que quieras dar un mensaje positivo a tu hijo o quieras reconocerle una actitud positiva y sembrarla como hábito de vida, al momento de actuar hazlo con mucha efusividad (tono de voz alto, abrazos, besos, gesticulaciones) y cuando por el contrario quieres que él asuma su responsabilidad sobre una actitud que no quieres que se repita, al momento de actuar debes hacer valer tu autoridad con autocontrol y moderación, limitándote solamente a hacerle asumir en su totalidad las consecuencias de sus actos sin demostrarle que emocionalmente estás afectado. Y no hablar más sobre ese tema y "pasamos la página", como decimos coloquialmente.

> Solo puedes exigirle a tu hijo lo que previamente has sembrado en él. Primero educas y luego exiges. Si no siembras en tu hijo con explicaciones claras y precisas lo que tú quieres que él ejecute y le aclaras detalladamente lo que no puede hacer, lo estás induciendo indirectamente a realizar lo incorrecto.

Si quieres que tu hijo cambie alguna actitud, los primeros que deben cambiar el patrón a seguir son sus educadores y si quieres que tu hijo respete las normas del hogar, los primeros que tienen que conocerla, respetarla, y hacerlas cumplir son los padres. El amor y el respeto se siembran con el trabajo cotidiano, ubicando constantemente con tus acciones, el lugar que a ustedes como sus padres les corresponde y el de él como hijo.

Si tu hijo te ve a los ojos cuando te habla, expone sus puntos de vista con argumentos, con un tono de voz y gesticulaciones que demuestran una actitud de negociación y de respeto, dándote la importancia que tú te mereces y te escucha con atención y paciencia, está reflejando la postura civilizada que tú asumes cotidianamente cuando te relacionas con él y con tu entorno. Si por el contrario observas que tu hijo con su forma de comunicarse está desarrollando una personalidad conflictiva, *¡¡¡reflexiona!!!*, pues nunca es tarde para cambiar los hábitos y con ello mejorar tu calidad de vida, la de tu hijo y la de tu familia.

Educando en positivo

A la hora de dar instrucciones a tu hijo debes tener claro qué quieres obtener con ellas. Actúa en forma transparente, congruente y decidida, con palabras claras y sencillas e indícale con firmeza y respeto lo que tú esperas que él haga, dónde, cómo, cuándo y para qué lo va a hacer. Esto permitirá que la orden llegue directamente sin distractores, lo cual le facilitará asumir una actitud adecuada y responder en forma efectiva, respuesta que tú debes reforzar a través de felicitaciones por su excelente comportamiento.

La mayoría de los conflictos que se observan entre padres e hijos ocurren porque existe un mensaje contradictorio en relación con lo que los padres esperan de la actuación de sus hijos y lo que comunican. A ello se suma una alta carga emotiva, producto de las inseguridades, presiones y cansancio que los padres puedan tener. Es usual que las primeras indicaciones que ellos imparten sean para ordenarles lo que *no deben hacer*: "no saltes en el mueble" y *por qué no deben hacerlo*: "te vas a caer y te lesionarás", cuando lo ideal sería EDUCARLOS EN POSITIVO: "el mueble es para sentarse", "si quieres permanecer allí debes estar sentado".

Como padre educador, debes entender que el cerebro de tu hijo está en capacidad de asimilar más fácilmente los mensajes que son coherentes tanto en el contenido, como en la actitud que manifiesta el que lo está enviando. Si observas que tu hijo te está gritando y asumes la actitud de respirar profundo, ponerte a la altura de él, bajar tu tono voz, llamarlo por su nombre, verlo con firmeza directamente a los ojos e indicas con autoridad cómo debe comunicarse: "por favor Juan, habla un poco más bajo para poder entenderte", el mensaje que le estás enviando en ese momento es congruente y con autoridad moral. Tú con un tono de voz adecuado has dado la orden clara, directa y con firmeza. Cuando los mensajes son enviados en forma correcta, el cerebro del niño va a estar en capacidad de asimilarlo y responder acertadamente, y en consecuencia estaremos EDUCANDO EN POSITIVO.

Cuando envías a tu hijo mensajes de lo que no debe hacer su cerebro no asimila en forma adecuada esta información, por lo que no actuará de la manera que tú consideras correcta. Esto causará frustración en ti y terminarás castigándolo porque percibes que él no respeta tus órdenes. En estos casos debes analizar tu conducta y observar que estás educando en forma incongruente y a través de la violencia.

Tú como padre educador puedes guiar las conductas de tu hijo a través de informaciones puntuales o de juegos, pero jamás a través de la crítica negativa, la ironía, la burla, el maltrato físico o el chantaje. Cualquiera de ellas solo sembrará violencia y rebeldía en el niño y adolescente.

La mejor forma de educar es teniendo las ideas claras y congruentes y a la hora de dar las directrices hacerlo en forma precisa e intelegible. Si tu hijo es muy inteligente instalarlo implícitamente, es decir, donde la norma siempre se va a cumplir pero escogiendo la forma de hacerlo. Por ejemplo: "Sofía es la hora de bañarse, decide si comienzas a retirarte los zapatos o a buscar la toalla"; o este otro caso: "Sofía el cuarto está desordenado, decide si comienzas a organizar los juguetes o a arreglar la cama".

Ejercitemos un poco: Carlos es un niño de cuatro años de edad muy inteligente y creativo, su madre lo encuentra saltando sobre el mueble, esto por supuesto crea en ella un gran estado de angustia por lo que inmediatamente reacciona con un tono de voz fuerte, agitando sus brazos y ordena: "Carlos no saltes en el mueble". El cerebro de Carlos copia el estado emocional de su madre, guarda las imágenes, el mandato es impactante por la alta carga emocional con que fue enviado y no detiene la acción saltar en el mueble. Esta conducta será interpretada por la madre de irrespeto al considerar que él se está haciendo el sordo, lo que desencadenará su ira y actuación violenta.

Lo ideal es que ella actúe de manera congruente a la hora de enviar la orden: el mensaje debe llevar implícito lo que ella espera que él haga y no todo lo contrario. Entonces la forma ideal de decirlo sería: "Carlos el mueble es solo para sentarse, así que mientras lo estés usando, por favor, te mantienes sentado". Si Carlos persiste en su actitud, la madre, con autoridad moral, recordará una vez, dos y tres veces: "el mueble es para sentarse". Si no realiza la acción de sentarse, la madre debe retirarlo del área sin violencia y llevarlo al espacio de "reflexión", donde deberá permanecer hasta que él drene toda su frustración y tome una actitud tranquila y respetuosa. Su madre con constancia y firmeza podrá educar a Carlos sin necesidad de sembrar en él violencia física o psicológica.

Cuando la conducta de tu hijo no llena tus expectativas, es quizás porque no has alineado adecuadamente lo que quieres alcanzar, con lo que tienes que hacer para lograrlo. *¡Recuerda!*, todo es una relación de causa-efecto. Y todo lo que vives son consecuencias de las acciones ejecutadas hasta la fecha. Si quieres cambiar la respuesta de tu hijo debes asumir el compromiso de ofrecerle las órdenes a seguir, con un esquema de educación en positivo.

Los padre deben estar pendiente de evaluar cotidianamente a los hijos y cuando observen en ellos conductas que le impiden vivir en armonía consigo mismo o con su entorno, deben plantearse la posibilidad de que estas conductas las están copiando de ustedes sus padres, de sus cuidadores o bien de sus distractores (TV, videojuegos, amigos, etc.). Cuando modifiques las conductas de las personas que representan la autoridad para tu hijo o escojas en forma adecuada el tiempo y el tipo de distractores que pudiera tener, él cambiará su actitud y esta caminará en el mismo sentido por donde tú decidas que se enrumben las nuevas directrices. "Así que lo primero es lo primero", saber a dónde quieres llegar, qué debes cambiar y cómo vas a hacer para lograrlo.

En tu camino se van a presentar muchos obstáculos y tu actitud debe ser mantenerte firme, pues el rumbo trazado no tiene regreso. Cada uno de los obstáculos te hará sentir una alta carga de frustración, la cual canalizarás como la fuente de energía que despierte en ti la necesidad de vencerlos, a tu manera, en forma congruente, civilizada y con ganancia recíproca, apoyándote en la autodisciplina con firmeza, paciencia, tolerancia, amor y dando tu cien por ciento.

Ejercitemos nuevamente:

Acción congruente: Carlos va emocionado a tomar el teléfono de los padres. Su madre Sofía lo observa y dice: "Carlos eso es de papa y mamá y solo lo puede tocar papá o mamá". Ella, o su esposo, toca y manipula el teléfono mientras Carlos observa y analiza (actitud coherente: lo que se dice con lo que se hace), con múltiples repeticiones (constancia). Solo así, Carlos logrará entender que las cosas de papá o mamá, las tocan solo papá o mamá.

Acción incongruente: Carlos va emocionado a tomar un objeto de la mesa. Sofía lo observa y le increpa: "Carlos eso no se toca". Pero ella o su esposo, en algún momento, toman el objeto, mientras Carlos los observa y analiza (actitud incoherente, lo que se dice no coincide con lo que los padres hacen); simplemente, si no se puede tocar, quiere decir que nadie lo puede tocar, ni siquiera los padres, ante lo cual aunque refieran muchas veces esa instrucción jamás lograrán que Carlos pueda comprenderla y acatarla.

¡¡¡Reflexiona!!! Si quieres enseñar a actuar a tu hijo con lógica y congruencia, cuando le hables ten

siempre presente que el lenguaje visual, el corporal, las gesticulaciones, el tono de voz y las inflexiones que le das a las mismas, tienen que ser congruentes con el mensaje verbal que estás transmitiendo. Es ilógico que estés mandando a reflexionar a tu hijo por algo que hizo y que al mismo tiempo te estés riendo porque fue algo muy gracioso y no puedes controlarte.

Al enseñar modales a tu hijo recuerda que el mejor aprendizaje se da por imitación y reforzamientos positivos. Si te sientas en forma adecuada a la mesa y tomas tus cubiertos correctamente, lo más seguro es que tu hijo lo haga de la misma forma. La hora de la comida es el momento ideal para reforzar la comunicación, darle importancia a cada uno de los comensales y trabajar la autoestima del grupo familiar. De allí a que se deban tocar solo temas agradables, el televisor y los teléfonos apagados, y felicitar a los comensales que mantienen buenos modales en la mesa; así, el resto lo imitará y cuando lo hagan, felicítalos inmediatamente por su buena compostura sin comentar el cómo estaban inicialmente.

Mientras los padres desempeñan los trabajos de limpieza y mantenimiento del hogar, los hijos deben acompañarlos. Hay que permitirles que ayuden a sus maneras y aprovechar estos momentos para reforzar la comunicación familiar. Es un error dejar a los hijos viendo televisión, mientras ustedes, sus padres, desempeñan las labores del hogar. *Se trabaja en familia y se disfruta en familia.* Los individuos que asumen responsabilidades en el hogar desde tempranas edades son personas más exitosas.

Educar en positivo: Sofía, su esposo y su hijo Carlos, de 2 años, van a visitar a su madre. Antes de salir, Sofía le dice a Carlos que se siente muy contenta porque van a visitar a la abuela. Durante el trayecto Sofía siembra las directrices: le comenta a su hijo que la abuelita los quiere mucho y que ella necesita mucho cariño, por lo tanto, al llegar lo primero que vamos a hacer es pedirle la bendición, mientras la abrazamos, le damos un besito y le decimos que la queremos mucho. También le explica que a la abuelita le molestan los ruidos fuertes, por eso le vamos a hablar en un tono de voz moderado. Asimismo, que le gusta mantener su casa ordenada y tenemos que respetar la casa, lo que no significa que disfrutemos mientras estemos allí. Y para lograrlo, habría que preguntarle a la abuelita dónde y con qué podemos jugar. (Educación positiva, Sofía sembró instrucciones claras y coherentes). La respuesta del niño será de respeto a las directrices recibidas. La conducta de la abuelita y de los padres de Carlos se orientará a reforzar positivamente el cumplimiento de las mismas, con reconocimientos a través de abrazos y besos, por ser muy educado y cariñoso.

Educar en negativo: Sofía, su esposo y su hijo Carlos, de 2 años, van a visitar a su madre. Antes de salir, Sofía se muestra muy alterada porque es tarde y tiene muchas cosas qué hacer, nadie colabora con ella y no le da tiempo de hablar con su hijo y explicarle a dónde van y cuál sería el comportamiento ideal que ella espera por parte de él, en casa de su mamá. Cuando ya están llegando a casa de la abuelita, Sofía rápidamente siembra las directrices, le comenta a su hijo: "Carlos, ya sabes que vamos a visitar a tu abuelita, así que por favor pórtate bien, no te montes en los muebles, no corras por toda la casa, no estés tocando y rompiendo las cosas de la abuela y no grites. No quiero problemas con la abuelita". Las instrucciones que les dieron a Carlos son incongruentes, refirieron solo la información de lo que no se debe hacer, sin indicar lo que sí. Los padres de Carlos todavía no han entendido que él no nació con un manual de cómo actuar en los diferentes escenarios donde lo lleven sus padres y que su cerebro registró las imágenes de gritar, correr, saltar en los muebles, romper los objetos etc. Al llegar a casa de la abuelita, el mandato del cerebro es que cumpla con las directrices registradas, Carlos sabe que si actúa de esa manera será castigado, por lo cual se establece en su interior una lucha, la que termina generando en él una conducta compulsiva. Cuando los padres conocen de la conducta que mantuvo Carlos en casa de la abuelita, sienten que fueron irrespetados por su hijo; esta conducta los enfurece y crea en ellos una respuesta reactiva y agresiva, que se manifiesta a través de gritos, adjetivos descalificativos y castigos físicos. Todo ello daña la autoestima de Carlos, reafirmando en él las conductas inadecuadas y sembrándole violencia.

La mejor forma de educar a tu hijo y sembrarle las actitudes que tú esperas observar en él, es hablándole cotidianamente de las bondades que encierran cada una de ellas. Aprovecha cada oportunidad que te da la vida para recalcarle las ventajas de ser limpio y ordenado, ser colaborador y trabajar en equipo con su familia, compañeros de colegio o deporte, tener autocontrol, organizar sus objetivos a través de una agenda, cumplir con los horarios establecidos, mantener la autoestima alta, conocer y respetar su espacio y el espacio de las otras personas, saber comunicarse en forma adecuada, manejar inteligentemente sus emociones, tener autoridad moral, tener autodisciplina, vivir apegado a las normas y a las leyes, saber escoger en forma adecuada sus amistades, saber defender con argumentos sus derechos, cumplir con responsabilidad sus deberes, etc.

> Educar a tu hijo en positivo es ofrecerle desde sus primeros días de vida conceptos e ideas claras de cómo hacer las cosas en forma adecuada, y los beneficios que va a recibir a corto, mediano y largo plazo con este tipo de actitudes.

Ser limpio y ordenado: Instrúyelo en mantener cada cosa en su lugar y en las mejores condiciones posibles, su cuerpo, pensamientos, espacios y objetos. Esto le permitirá fomentar su poder de concentración y memoria, rendir más su tiempo, ya que ubicará rápidamente las cosas cuando las necesite, tener más consciencia de las cosas que posee para sacar mejor provecho de ellas. La limpieza y el orden le darán sensación de seguridad, confianza, alegría y le ayudará a mantener alta su autoestima. El niño y adolescente ordenado siempre tiende a conocer y respetar las normas.

Valorar la familia, el trabajo en equipo y la colaboración: Enséñale que la unidad familiar es importante para que sienta que no está solo en la vida, que cada integrante de su núcleo familiar existe y que todos son muy confiables e importantes. Se deben tratar los unos a los otros con mucho amor, tolerancia y respeto. Los integrantes de una familia deben brindarse apoyo mutuo, tanto en los momentos agradables como en los menos gratificantes. Tus hijos deben estar conscientes de que con el apoyo familiar hasta los momentos más difíciles se hacen más llevaderos y pueden ser superados con mayor facilidad. Saber que su familia existe para ayudarlos y apoyarlos, que son las personas más confiables y con las que pueden contar en todo momento y los hará sentir seguros.

Enséñale a tu hijo a estar consciente de que cuando se trabaja en equipo y todos colaboran con igual grado de responsabilidad en las labores del hogar, la familia se mantiene unida y todos se sienten respetados, se obtiene una mejor comunicación familiar, el trabajo se hará más agradable en menor tiempo y con mayor calidad, lo cual se traduce en bienestar colectivo. Y tú, como padre responsable, mereces tener un hijo colaborador, con el cual puedas compartir en armonía tu rutina diaria.

PALABRAS CLAVES

Las palabras inspiran respeto

Las palabras están ahí para explicar
el significado de las cosas, de manera
que el que las escucha, entienda dicho significado.
Aldous Huxley

Imagínate hablando y sintiendo que tu familia u otros interlocutores te están prestando atención con respeto. Es algo que te mereces y seguramente uno de tus deseos, sin embargo crees que no es tan fácil lograrlo. ¡Analízalo! Primero, lo importante es organizar tus ideas sobre lo que quieres decir y qué esperas lograr con ello. Para eso tienes que valerte de ciertas herramientas como son: la honestidad (el saber qué es realmente lo que quieres), la claridad (para qué lo quieres, qué beneficios vas a percibir y el resto de los involucrados, y qué debe hacer cada cual para obtenerlo), y la firmeza (el asumir que eso es realmente importante para todos, por tanto, no vas a ceder hasta alcanzarlo). Segundo, con las ideas ya ordenadas, puedes elaborar tus argumentos utilizando palabras sencillas pero que expresen en forma contundente, respetuosa y justa lo que quieres transmitir. Tercero, escoger el momento adecuado y hacerlo con una actitud firme, viendo a los ojos del receptor o receptores, empleando un lenguaje corporal y un tono de voz congruente con el mensaje que estás dando y con las personas que te están escuchando. Cuarto, estar preparado para escuchar con atención la opinión de tus espectadores y satisfacer sus dudas. Quinto, demostrar con hechos lo que has expresado con tus palabras. De esta manera puedes lograr que tus oyentes te tomen en cuenta y te respeten.

Siembra en tu hijo el hábito de no esperar el apoyo de otras personas cuando trabaje, ni tampoco trate de imponer su lógica o sus decisiones. Él siempre debe asumir que cada individuo es un ser pensante y que, al igual que él, tiene derecho a elegir su destino. Una salida inteligente siempre será presentar propuestas con argumentos confiables, que siembren en los interlocutores la motivación a seguirlo y estar preparado para negociar con ellos en forma de ganancia recíproca.

Tu hijo debe saber que las repeticiones, el tono de voz muy alto o muy bajo, la ironía, los adjetivos descalificativos, los sobrenombres y las comparaciones rompen la comunicación efectiva y le hacen perder credibilidad. Igualmente enséñale que cuando sea su momento de hablar hable y cuando sea el momento de escuchar escuche. Y siendo el receptor, respire profundo, vea a los ojos de su interlocutor y se concentre en tratar de comprender lo que esa persona quiere expresarle en ese momento.

La autoridad

Entendemos como autoridad el poder que se le acredita a un individuo o institución para ejercer el mando y hacerse respetar por los integrantes de esa colectividad. Esta potestad debe ser ejecutada a través de los talentos y las virtudes. Las virtudes son las aptitudes y conductas individuales o grupales que acarrean beneficio personal y colectivo. Lo moral son los razonamientos que hacemos sobre las consecuencias que derivan de las conductas de las personas, catalogándolas de buenas o malas dependiendo, del beneficio o daño que ellas ocasionan de manera individual o grupal.

Se consideran morales todas las acciones que se ejecuten y como consecuencia de ellas se obtengan bienestar psíquico, físico, personal o colectivo. Enséñale a tu hijo que su deber es respetar su individualidad y la de cada una de las personas que lo rodean. Lo es también el estar pendiente de conocer y acatar las normas y hacer valer sus derechos con firmeza, sin temor ni violencia.

Los padres deben estar conscientes del derecho y la responsabilidad que les confiere la moral y las leyes para canalizar en forma civilizada a sus hijos. Deben asumir que merecen ser amados y respetados por ellos, pero que este amor y este respeto tienen que ganárselos minuto a minuto, enseñándole los hábitos y normas de convivencia que existen en el hogar y fuera de él. Esto se debe alcanzar con el ejemplo y una actitud firme de amor y respeto, pero con disciplina.

Los padres tienen el derecho de imaginar su hogar lleno de armonía y a sus hijos como seres felices y exitosos. Y para lograr este ideal necesitan de la autoridad moral, porque es a través de ella que los integrantes de la familia los pueden admirar, seguir y respetar. Sin embargo, hay que tener siempre presente que esta autoridad se fortalece, solamente, si con ella logras mantener el bienestar físico y psíquico de todos los integrantes de tu hogar.

Piensa en esto. Si tú eres el primero que conoces las normas y las respetas, estás enseñando a tu hijo a ser congruente y a confiar en ti. Si cuando tu hijo falla en el cumplimento de una de las reglas, lo observas con firmeza y con pocas palabras le haces asumir con responsabilidad las consecuencias de sus actos, le estás demostrando tu autoridad y él te admirará y respetará. Si mientras haces cumplir tu autoridad actúas con amor, respetando los derechos de ambos, le estás enseñando a ser justo y civilizado y él te amará. Esta forma de educar encuadra lo que llamamos *autoridad moral.* Que no es otra cosa que educar a los hijos con el ejemplo, con justicia, con disciplina, amor, respeto y firmeza.

La disciplina

Observancia o disciplina es la firme disposición de llevar a efecto y hacer cumplir las normas a cabalidad, sin brindarle espacio a la justificación, el chantaje o la negociación. Disciplinar es el acto de hacer respetar al pie de la letra las reglas o normas que se han establecido previamente y la define el hecho de que estas no son ajustables y que no existe ninguna excusa que pueda validar el que no se cumplan en su totalidad. Simplemente es una reacción "causa-efecto" y si se violentan se debe asumir íntegramente y con responsabilidad las consecuencias del desacato de las mismas.

Has que tu hijo internalice que las normas existen para que un grupo de personas puedan coexistir juntas en forma segura, manteniendo cada una su esencia, respetando los espacios de cada de cada una de ellas y conviviendo en armonía, donde cada uno sienta que tiene deberes que cumplir y derechos que respetar, siempre pensando en el beneficio personal y grupal.

> Educar a los hijos significa sembrar en ellos a través del ejemplo, la palabra y la disciplina, todos aquellos conocimientos que les abran la puerta al desarrollo de sus habilidades intelectuales, deportivas, artísticas, lingüísticas y morales. Todas esas habilidades le permitirán integrarse a la sociedad con una actitud saludable, segura, independiente, tolerante, feliz y exitosa, y con este proceder ellos puedan convivir en armonía con ellos mismo, sus padres y su entorno.

Educa a tu hijo utilizando conceptos claros, coherentes y precisos, donde se explique cuál es la norma, cómo debe ser cumplida y cuáles son las consecuencias que debe asumir el que decide violentarla.

Esto se trabaja a través de la motivación; primero, se vende la idea de todos los beneficios que va a traer consigo los nuevos reglamentos; segundo, hacer reconocimientos positivos con constancia a quienes los cumplan; y tercero, aplicar la ley causa-efecto con disciplina, para aquellos que violenten la norma.

Las normas son necesarias para el bienestar grupal. Se explica una sola vez cuáles son, cuáles son los beneficios y las consecuencias en el incumplimiento de alguna de ellas. Asegúrate que tu hijo y tu grupo familiar entendieron en forma clara y precisa tanto las normas, como las consecuencias y la forma ideal de hacerlo es preguntarle si comprendieron lo que decías. En caso de que el niño sea mayor de siete años puede comprometerse por escrito y avalado por su firma.

Espacio es otro concepto necesario que comprenda. Enséñalo a visualizar cada cosa en su lugar, que la casa donde vive es de ustedes que son sus padres y que él comparte este hogar, porque ustedes lo aman mucho y por eso viven pendiente de su educación. También, que mientras no se pueda mantener por sí mismo y tenga que vivir bajo el techo de ustedes, él debe respetar las normas de convivencia que como padres han establecido, de lo contrario, tiene que asumir las consecuencias de sus acciones.

Los padres, propiciadores de hábitos de vida sana, tienen que enseñar el poder de la negociación en forma de ganancia recíproca, donde gane tanto él como la mayoría, pero debes dejar muy claro que las normas del hogar no son negociables. Las determinan los padres y es deber de los hijos conocerlas y respetarlas. Porque es potestad de los padres establecer límites, y mantenerlos con *disciplina*.

Disciplinar asertiva o positivamente es asumir una actitud de firmeza y respeto mutuo, apegado estrictamente a las normas y evitando como método educativo la justificación, la ironía, la violencia o el chantaje. *¡¡¡Recuerda!!!*, tanto la sobreprotección como la violencia destruyen. ¡Jamás justifiques las debilidades de tu hijo!, ¡ni mucho menos violentes sus derechos! Amar implica educar, sembrar hábitos de vida apropiados y en forma adecuada.

¡¡¡Reflexiona!!! El amor con disciplina fortalece al ser humano, la sobreprotección lo debilita y la violencia lo destruye.

Cada pisada tiene consecuencias y que así como los hijos tienen el deber de responsabilizarse por sus actos, los padres tienen que asegurarse que asumió sus consecuencias y que de esa experiencia tuvo un aprendizaje de vida. Cuando los padres con autoridad moral hacen que sus hijos asuman en su totalidad las consecuencias de sus actos, están sembrando en ellos un aprendizaje práctico, que lo acompañará en su adolescencia y en el resto de sus vidas. Al asumir los hijos las consecuencias poco gratificantes, hay que hacerles ver que no es un castigo que se les quieres imponer, sino que simplemente estás cumpliendo con tu deber de padre al disciplinarlos, aunque sabes que son muy inteligentes y amados, y por eso no dudas en invertir parte de tu tiempo en educarlos.

Recuerda que cuando le indicas a tu hijo dirigirse al rincón de meditación, la finalidad es enseñarle en forma práctica la ley natural de "causa-efecto", por lo tanto debe ocurrir inmediatamente y por un corto tiempo (un minuto por año de edad) y luego no hablar más del tema. En ese sentido, dedícale más tiempo a destacar sus fortalezas y poco a enfatizar sus debilidades. Mucho amor y muy buena comunicación sí, pero sin confundir este rol con el de amigos. *Los amigos son amigos y los padres son y serán siempre los padres.*

Si los padres cometen un error deben asumirlo con honestidad y firmeza y analizar con su hijo las consecuencias del mismo. Ofrecer disculpas y reparar el daño causado, jamás evadir este hechos a través de un regalo. En el hogar donde él se encuentra son ustedes los que imponen las normas y él tiene el deber de conocerlas y acatarlas. De esta manera podrás convivir con tu hijo rodeado de la admiración, amor y respeto mutuos.

Necesitamos hogares con normas claras, congruentes y padres con valentía, autocontrol y autodisciplina. Padres que sean constantes y no duden a la hora de hacer cumplir las normas preestablecidas. La palabra mágica es *disciplina*. Recuerda, la disciplina es la única herramienta de vida, con la cual tú cuentas para poder guiar la conducta de tu hijo de manera positiva y efectiva.

La autodisciplina

¿Uno que no sepa gobernarse a sí mismo,
cómo sabrá gobernar a los demás?
Confucio

Los hijos deben caminar por la vida con una actitud de firmeza para alcanzar sus metas y preparados para enfrentar y superar todos los desafíos, pero siempre exigiéndose a sí mismos el mantenerse apegado a sus principios, normas y leyes. Este proceder lo denominaremos autobservancia o autodisciplina.

Muéstrale a tu hijo que antes de iniciar su camino en pos de una meta, debe analizar y tener claro que en él se le van a presentar múltiples circunstancias. Si las asume como excusas para desviarse de la senda trazada, perderá el empuje y con ello la oportunidad de lograr su objetivo. Algunas de estas circunstancias pueden hacerse notar en forma desagradables, van a ser fáciles de visualizar por tu hijo y él las llamaría obstáculos, pero otras llegaran a él en forma muy llamativa y generosas, brindándole la imagen de poder lograr lo que él desea con gran placer, corto tiempo, pocas frustraciones y mínimos esfuerzos, estas son las peores y las llamaría tentaciones.

Cuando tu hijo camina en pos de una meta y en su maleta lleva habilidades de persona exitosa (honestidad, firmeza, autocontrol, alta autoestima, capacidad de superar obstáculos, saber colocar la lupa en lo positivo e ignorar lo negativo, resiliencia, meta fija, capacidad negociadora en forma de ganancia recíproca y *autodisciplina*), en cualquier escenario que la vida le presente, tú no debes temer, ni tener la menor duda de que tu hijo va a enfrentarlo, superarlo y sacarle provecho, es decir, salir victorioso de él.

El reto más grande es cuando inicia su camino con una actitud muy positiva, eufórica y desafiante, con sus ojos y pensamientos impregnados de un sueño, pero acompañado de una maleta donde existen muy pocas virtudes y habilidades sociales que le ayuden a mantener su autoestima alta. Entonces, la inseguridad hace que el fatídico miedo comience a colarse poco a poco en su interior. Si tu hijo no se siente preparado para afrontar sus retos es, quizás, porque sus miedos le impiden ver los talentos que se encuentran dormidos aún en su interior. Los talentos están esperando por esa fuerza interna que emana de la frustración bien orientada para poder desarrollarse y convertirse en virtudes y habilidades que le darán seguridad y le permitirán manejarse confiadamente.

Esta inseguridad que observas en tu hijo viene dada, posiblemente, porque creció en un hogar donde ustedes, sus padres, bien sea para evitarle el sufrimiento o por escasa tolerancia al mal manejo de sus frustraciones, no le permitieron enfrentar sus desafíos ni asumir las consecuencias de sus actos desde sus primeros días de vida.

Cuando tu hijo avanza por la vida en busca de un objetivo y comienza a recibir los impactos de los estímulos negativos que se encuentran en su camino y no está preparado para asumirlos, analizarlos y superarlos en forma efectiva, sentirá la sensación de estarle dedicando mucho tiempo y esfuerzo a cada uno de ellos. Y si al analizar los resultados, estos en lugar de acercarle rápidamente a la meta, lo hace muy lentamente, y desarrolla en su ánimo frustraciones y deseos de ceder, entonces, tu hijo aún no ha desarrollado la virtud de persistir y saber esperar.

Trabaja con tu hijo en lidiar con las frustraciones y transformarlas en retos. En mantener la mirada firme en su meta y utilizar toda esa energía que le ofrece la frustración para plantearse otros mecanismos, esforzarse y superar el obstáculo.

> Cuando tu hijo en su caminar decide sacar provecho de los intentos fallidos, se dará cuenta que estas vivencias con el impacto de sus frustraciones lo ayudarán a descubrir y desarrollar muchos talentos y habilidades que yacen dormidos en él, le permitirán analizar los hechos desde otro punto de vista, así como también a buscar soluciones más efectivas.

Si en lugar de afrontar positivamente los obstáculos, en forma honesta y buscando soluciones, tu hijo decide asumir la actitud de negarse a aceptar la realidad tal como es, resistiéndose, buscando culpables o evadiendo la realidad en forma irresponsable, está perdiendo la oportunidad de desarrollar acciones más certeras a partir de sus fracasos. También puede ocurrir que decida dejarle espacio a sus miedos y que estos lo manejen haciendo aflorar la ansiedad, la que crecerá hasta dominar sus pensamientos. Su mente se acoplará a todos aquellos estímulos poco gratificantes, los alimentará y agigantará, haciéndole sentir que él es débil y mostrándole el obstáculo más grande de lo que en realidad es.

Cuando tu hijo abandona el deseo de alcanzar la meta y desvía su camino afirmando que eso no es para él, que la vida es una sola, que las personas que le rodean desean hacerle daño y no le permiten seguir su rumbo, o tal vez que en realidad eso no le gusta tanto como pensaba, asume la mayoría de las veces la actitud de un perdedor.

En oportunidades, su actitud puede decaer por sentir temor a ser criticado y si sumado a esto se niega a sí mismo la oportunidad de buscar el apoyo profesional que necesita, tu papel como padre educador es canalizarlo y enseñarle que es factible contar con el apoyo de especialistas –sicólogo y siquiatras– para que ellos lo orienten y adiestren en conocer y manejar las herramientas que necesita para continuar en forma exitosa su existencia. La ausencia de herramientas junto con la carencia de paciencia y de la disposición para esforzarse en prepararse para alcanzar una meta permite que se acerque a los que podemos denominar tentaciones. Estas son otro tipo de oportunidades que se le van a presentar en la vida y que llegarán a él a través de personas que le parecen confiables, amigables y las cuales terminarán destruyéndole su integridad física y psíquica.

Tentación es todo aquello que, por falta de autodisciplina, hace ver a tu hijo que el camino es más fácil y agradable si se aleja un poco de sus principios y normas del hogar del que forma parte, o bien, al evadir sus responsabilidades mediante juegos, fiestas, mentiras, sexo irresponsable, etc., o en su defecto, introduciendo en su cuerpo sustancias alcohólicas o psicotrópicas. Estas situaciones negativas producirán momentáneamente una gran carga de energía placentera, la cual lo irá atrapando poco a poco en sus altos y bajos; le creará dependencia; adormecerá todo el potencial que lleva escondido dentro de sí (sus talentos); y, hará caer su autoestima. En otras palabras, lo convertirán en sombra de sí mismo, pues, el camino de los placeres fáciles y recompensas rápidas, dejando a un lado los principios para poder intentar alcanzar las metas, son los caminos de la autodestrucción.

Si tu hijo, después de vivir experiencias no apropiadas, decide que quiere alcanzar sus metas con una *autoestima* alta, sintiéndose aceptado, querido y respetado por sí mismo y su entorno, entonces es el momento que con *autodisciplina* siempre apegado a las normas y a sus principios, busque el apoyo de personas especializadas, quienes trabajando en equipo con él, lo ayuden a llenar su maleta viajera con las habilidades personales y sociales que necesita para emprender de nuevo el camino hacia sus metas, pero esta vez en una forma más segura.

Las herramientas de vida que le van a permitir a tu hijo crecer emocionalmente se llaman habilidades sociales. Con ellas, él podrá afrontar los grandes retos que le esperan en el camino que se merece, pues él es hijo de DIOS y debe transitar la ruta de la felicidad y el éxito mientras alcanza su destino final, que no es otro que desarrollar al máximo su

La autodisciplina es la única herramienta que puede conducir en forma segura a tu hijo adolescente. El adolescente es una persona que decide repentinamente romper con el cordón umbilical que lo ata sicológicamente a sus padres y comienza, entonces, a experimentar por sí solo el control de su vida. Sin embargo, para que pueda alcanzar sus logros apegado a sus principios, normas, leyes y la buena comunicación familiar, su única guía es la *autodisciplina*. Lo más importante es que los padres estén conscientes que esta se aprende principalmente por modelaje de las conductas de sus progenitores o de figuras educativas en su infancia, pues los jóvenes imitan las actitudes de las personas que representaron la autoridad en esa etapa tan importante de su vida.

LAS VIRTUDES Y SU PODER

Motivación

*La fuerza que hay en tu interior
es mucho más fuerte que cualquier
obstáculo que te ponga la vida.*
Confucio

La motivación es la fuente de energía que mueve a las personas y por ende al mundo. Nace de la exigencia de solucionar una necesidad o de transformar un deseo en una realidad; este poder llamado motivación es el que imprime dinamismo, firmeza, juventud y ganas de vivir a las personas que lo poseen.

Si deseas sembrar alguna motivación en tu hijo, primero debes crearle la necesidad sobre lo que quiere conseguir. Para ello tienes que enseñarlo a visualizar imágenes concretas y contundentes sobre las virtudes que para él tiene lo que quiere, detallando todos los beneficios personales y grupales que obtendrá si logra alcanzarlo. Para mantener viva la motivación en tu hijo es necesario manejar algunas nociones. Primero, la honestidad y precisión en mantener una idea clara de lo que se quiere alcanzar: ¿para qué se quiere?, ¿cuál es la utilidad de la meta?, ¿qué va a hacer con ella?, ¿cómo sacará provecho y disfrutará cuando la tenga en sus manos? Segundo, la autoestima alta, la firmeza y la fe en que él sí puede lograrlo: la meta forma parte de su proyecto de vida, de sus aspiraciones o necesidades. Hay que convencerlo de sus capacidades, del derecho y del deber a prepararse con responsabilidad y de asumir el compromiso de luchar sin excusas dando lo mejor de sí hasta obtenerlo. Tercero, la tolerancia y la justicia: que posibilitarán el aceptar las cosas tal cual son y defender los derechos con asertividad, actuando en forma de ganancia recíproca y siempre apegados a las normas y leyes. Esto dará paz, seguridad y actitud de firmeza y desafío a tu hijo porque le hará sentir constantemente que él se merece el éxito. Cuarto, la paciencia, el uso eficaz del tiempo y el control de las emociones permitirá a tu hijo concentrarse en sus habilidades, para crear estrategias y superar los desafíos en forma efectiva. Saber esperar el momento justo para actuar en forma civilizada, y así obtener la excelencia a la hora de superar los obstáculos y alcanzar los objetivos. Quinto, reforzar de manera positiva y cotidiana los logros y hacerle asumir íntegramente, con firmeza y respeto, las consecuencias de su irresponsabilidad cuando no se esfuerce en alcanzar su objetivo. Sexto, despertar el sentimiento de agradecer todos los días a Dios, y a las personas que colaboran y colaborarán con tu hijo durante su travesía. Por lo que él deberá planificar cómo compartirá los éxitos con ellas.

El desarrollo de estas nociones hará que tu hijo aprenda a reconocer el éxito en cada pisada y a tener sus pensamientos anclados en sus metas.

La motivación es la fuente de energía más poderosa que posee tu hijo. Ella lo empuja con fuerza y firmeza a la hora de dar el primer paso hacia su meta; y, al momento de afrontar los desafíos, es ella la que le inyecta el coraje y perseverancia necesarios para que pueda mantener la mirada fija en los beneficios de su objetivo.

Los niños y jóvenes tienen el derecho y el deber de transformar sus sueños en metas y por lo tanto alcanzarlas. Los padres tienen como tarea adiestrarlos en tomarse el tiempo que necesiten para buscar en su voz interior todo aquello que genere bienestar personal y colectivo. Que aprendan a escucharla con atención, la defiendan y reconozcan en ese espacio sus sueños y hacerlos realidad. Los padres motivarán a sus hijos para que sean capaces de dar su máximo esfuerzo en preparase, uniendo los conocimientos y la acción, con la firme disposición de solventar todos los desafíos presentes en su camino, hasta lograr su objetivo. Y cuando lo hayan logrado, asumir la actitud de una persona exitosa, con agradecimiento y disfrute.

Ejercicio: imagínate llegando a tu hogar y encontrar allí personas queridas que te reciban con amor, entusiasmo, respeto y con disposición de escuchar, comprender y compartir contigo tus vivencias de ese día. Esta situación es tu fantasía, mas sin embargo, es lo que aspiras conseguir y consideras merecer al transformarse en una necesidad. Por lo tanto debes trabajar en ello y tu camino es esforzarte y hacerla realidad. ¿Cómo lo lograré? ¿De qué manera? ¡Pensemos y analicemos!

En primer lugar, tendrás que: "separarte" del trabajo, los amigos y parientes; reorganizar tus pensamientos y asumir una actitud positiva cuantificando todo lo provechoso que ha sido el día y agradecer a Dios por todas estas bondades. Esto te cargará de energía positiva, con la cual irradiarás tu hogar y harás que todos sus integrantes te reciban con entusiasmo. En un segundo momento, tendrás que tener una actitud de acercamiento y compromiso con los tuyos, mostrando tu afecto, respeto y admiración hacia ellos, sin dejarte arrastrar por elementos distractores –teléfonos, televisores, etc. Actitud que responde a los parámetros de tu autoridad moral, por lo tanto, podrás recibir la atención y el amor que tu familia siente por ti.

El sueño de tener un hogar gratificante para ti puedes hacerlo posible si primero te lo imaginas como una necesidad personal que debes satisfacer. Tu familia es tu presente y tu futuro y es la fuente de motivación más grande que posees. Tú tienes el derecho de llevar una vida próspera y una vejez plena de satisfacciones, por lo tanto este deseo es tu prioridad. Hay que trabajarlo con constancia hasta transformarlo en un hábito de vida. ¡¡¡Da, ahora, el primer paso, y agradece a Dios porque tienes una familia que vale la pena atender!!!

Honestidad

*La conquista propia es la más grande
de las victorias.*
Platón

Honestidad es la congruencia que existe entre el ser y el parecer. Cuando tu hijo al hablar o actuar se basa siempre en los hechos tal cual los observa, los siente, los experimenta y los razona, transmite señales correctas a su entorno. Por tanto, recibe de él como respuestas que está siendo comprendido y respetado; esto le permite tomar decisiones adecuadas a la hora de vencer obstáculos, de elegir amistades, de escoger profesiones, de seleccionar pareja, etc.

La honestidad y la autoestima viajan apoyándose mutuamente; y la persona que realmente valore la supremacía de Dios, y la observe reflejada en sí misma como su creación, acepta, ama y protege su esencia, vive a través de su verdad y siente que tiene el derecho y el deber de esforzarse en desarrollar a plenitud su naturaleza. Por eso, ella utiliza sus talentos para alcanzar todas aquellas aspiraciones que la conduzcan al bienestar personal y colectivo. Asimismo, visualiza y descarta con firmeza todas las emociones o ambiciones que causan placeres momentáneos, que puedan lesionar la integridad física y emocional individual o grupal.

Si sientes la responsabilidad de educar a tu hijo para que él pueda brillar con luz propia, tienes que enseñarlo a defender sus aspiraciones con convicción, a asumir que lo que siente y piensa es válido y es su deber respetarlo. Persuádelo a expresarse en forma transparente, con firmeza y dando el ciento por ciento; así encontrará en su interior la valentía necesaria para elaborar argumentos contundentes, con los cuales pueda desafiar eficazmente los obstáculos que se presenten en su travesía.

El *ser* se "construye" del autoconocimiento. Si tu hijo, como individuo, reconoce en su mundo interior sus emociones, sus sentimientos y sus talentos, acepta y desarrolla sus fortalezas y canaliza sus debilidades en forma civilizada, se asumirá como un ser único al igual que a los otros, y admitirá que, en medio de las diferencias, se debe coexistir en armonía. Es, simplemente, tener la inteligencia de convivir con nuestras divergencias, de actuar con autenticidad y con espíritu de cooperación y civismo, consciente de que todos tenemos los mismos derechos y deberes, por lo tanto, ser respetados por igual.

El *parecer* es la imagen que tu hijo exhibe socialmente y que viene trabajando desde su infancia y la utiliza para poder ser aceptado e interactuar en forma exitosa con su entorno. Es una estructura paralela que ha elaborado apoyándose en juicios sobre lo que se considera bueno, malo, aceptable, inaceptable, parecido y diferente. Se basa en semejanzas que debe desarrollar y diferencias que debe anular, buscando descifrar códigos sociales que le permitan seguir un determinado patrón similar al de la mayoría (consciencia colectiva).

Cuando tu hijo muestra atributos que realmente le pertenecen se llama *parecer*, y cuando no los posee y quiere simularlos —elaborando para ello sus propias fantasías— se habla de *apariencia*. La

La armonía va a depender de la ponderación que se haga entre el ser y el parecer. Si tu hijo hipertrofia el ser pasa a convertirse en un individuo egocéntrico, impaciente, intolerante y solitario; cuando lo hace con el parecer, pasa a ser una persona extremadamente sociable, tolerante, paciente e insegura; y cuando desarrolla la apariencia es incongruente, conflictiva, interesada, poco confiable y convive con una baja autoestima. Lo ideal es el equilibro, el cual tu hijo puede alcanzar a través de la escala de valores y habilidades sociales que siembres y cultives en él y donde convergen la honestidad, la autoestima y la asertividad, junto al amor, la justicia, la tolerancia, la paciencia y el respeto.

La honestidad la siembras en tu hijo con la palabra y el ejemplo, y la cultivas con la disciplina a través de los refuerzos positivos.

Orienta a tu hijo para que organice en forma adecuada, con valentía y autenticidad sus pensamientos. Indúcelo a reflexionar sobre sus acciones y a ver los hechos tal cual son: que sepa diferenciar lo que es real y lo que es ficción; que comprenda que sus palabras generan consecuencias que, tarde o temprano, él debe asumir en forma individual y en su totalidad. En ese sentido, si él quiere estar en paz y sentirse aceptado y respetado, cuando vaya a narrar un hecho, tiene que actuar ajustado a la realidad. Si va a dar alguna explicación, primero debe mencionar los hechos tal cual sucedieron; luego, dar su opinión o la de otras personas; y si va hablar de algo que él se imagina, comunicar que eso forma parte de sus pensamientos e ideas.

Sobre la compañía que pueda lesionar su integridad emocional o física: ¿qué beneficios te aporta el estar al lado de esa persona?, ¿qué pierdes y qué ganas con esta relación?, ¿sientes que las metas, valores o compromisos de él o ella te acercan o te apartan de tus aspiraciones, te benefician o te lesionan?, desde que andas con ellas, ¿te sientes más feliz o infeliz?, ¿sientes tu autoestima crecer y fortalecerse? o ¿todo lo contrario?, ¿sientes que estás viviendo tu propia vida o te estás dejando conducir?, ¿estás tomando tus propias decisiones o estás permitiendo que otros decidan por ti?, ¿estás desarrollando tus talentos o los estás anulando?

Ofrécele refuerzos positivos: dale importancia a sus sentimientos, pensamientos y acciones, felicitándolo cada vez que actúe con autenticidad, defienda la verdad con firmeza, sea respetuoso de sí mismo y de su entorno, coherente en el decir y el hacer, exprese con seguridad y en forma clara lo que siente y piensa, se esfuerce por lograr sus objetivos, cumpla sus compromisos, sepa reconocer sus límites, y dé la cara, se disculpe y responsabilice a la hora de asumir las consecuencias de sus actos. Exprésale tu complacencia cuando sepa diferenciar la realidad de la fantasía, mantener sus puntos de vista sin dejarse manipular por las críticas destructivas, o bien, cuando elabore argumentos sobre la importancia de ser honesto.

Exígele con firmeza y sin violencia asumir en su totalidad las consecuencias de sus actos: admitirlo y ofrecer disculpa cuando ha lesionado síquica o físicamente a un compañero de clase. Si trae a casa algún objeto que no le pertenece, llamará inmediatamente a su compañero, se disculpará y notificará que lo va a regresar al día siguiente. En los casos de querer utilizar los secretos como forma de comunicación, créale consciencia de que estos solo existen para enmascarar la realidad y causan daño, porque si él quiere sentirse libre y que lo tomen en cuenta como una persona confiable, tiene que actuar siempre abiertamente y con sinceridad.

> Enséñale a tu hijo, a través del ejemplo y la palabra, que la honestidad es una virtud no negociable, porque es ella precisamente la que le permitirá generar confianza, mantener una autoestima alta y convivir en armonía consigo mismo y su entorno con dignidad y respeto.

Autocontrol

El autocontrol es el arte que desarrolla tu hijo cuando logra dominar sus impulsos y emociones, canalizándolos a desarrollar con excelencia sus talentos, enfrentar con asertividad los desafíos y disfrutar su presente en forma prospera y responsable, integrándose a la sociedad como un individuo independiente, civilizado, exitoso y feliz.

Debes inculcarle a tu hijo que la habilidad social número uno es el autocontrol. Es la más importante, porque a partir de ella es que tu hijo puede lograr desarrollar todas las otras normas de convivencia y sin su presencia es muy difícil que él pueda adaptarse y convivir en forma adecuada con él mismo o su entorno, incluyendo su núcleo familiar.

El autocontrol consiste en saber manejar la impulsividad –los instintos primitivos y la resistencia al cambio– ante cualquier estímulo poco gratificante. La primera actitud de tu hijo ante situaciones adversas debería ser la de cerrar la boca, su mente enfocada en repetir "respira-relájate-entrégate y acepta", y respirar profundo, tantas veces sea necesarias hasta que sienta que controla su impulsividad, lo cual dura un tiempo aproximado de 40 segundos. Esta técnica debes inculcársela cotidianamente a través de juegos, de manera que en el momento que la necesite, solo tengas que decirle respira y relájate y él pueda ponerla inmediatamente en práctica. Cuando logre relajarse, entregarse, soltar toda su angustia y su impulsividad inicia su descenso, ya estará preparado para aceptar las cosas tal como son.

Una vez aceptado los hechos tal cuales son, asumirá una actitud y mirada de tratar de entender, de comprender lo que está sucediendo, solo tiene que detenerse en colocar la lupa en lo sucedido, en el por qué, el para qué y qué consecuencias positivas o negativas puede traer estos hechos sucedidos para él o su entorno. Todo ello, sin juzgar, ni buscar culpables ni asumir el papel de víctima. Estando ya claro de los hechos, comenzar el análisis; primeramente, a sí mismo, sobre las actitudes inadecuadas que pudieron haber desencadenado los hechos e inmediatamente visualizarse en el lugar de las otras personas, no para juzgarlas sino para comprenderlas, es decir, cómo se sentiría él o como actuaría él si se encontrara en el lugar que actualmente ellas ocupan.

El siguiente paso es pensar en soluciones con ganancia recíprocas donde tanto él como la mayoría gane. Si existe falla de su parte reconocerla y ofrecer disculpas públicamente, negociar las soluciones y resolver el obstáculo, superarlo y luego dar gracias a Dios y a la vida por permitirle manejarse inteligentemente con autocontrol, y haber tenido la oportunidad de desarrollar nuevos talentos y habilidades. Al analizar lo sucedido, pueden surgir ideas que lleguen a convertirse en otras metas y desafíos por los cuales luchar y así continuar su crecimiento en positivo.

Si permites y acompañas a tus hijos en la creación de sus propios juegos y cuentos o también cuando lo induces a buscar soluciones a los obstáculos de acuerdo a sus maneras, siempre apegado a las normas y las leyes, lo estás estimulando a que desarrollen su autocontrol + pensamiento creativo.

En el momento que les enseñas a tus hijos el amor a la lectura y a buscar información adecuada a través de ella, y los encaminas a analizar las consecuencias positivas y negativas de sus actos, les estás guiando hacia el autocontrol + pensamiento lógico.

Si induces a tus hijos a cumplir sus deberes y defender sus derechos a través de argumentos adecuados con claridad mental a la hora de hablar y tomar sus propias decisiones, les estás enseñando a actuar con autocontrol + asertividad.

Es muy importante saber reconocer las emociones, los pensamientos y las acciones que se pueden generar después de un impacto y manejarlos adecuadamente, tratando de buscar lo positivo de esa circunstancia y obtener provecho en forma de ganancia recíproca. Veamos este hecho: "La señora me vio cara de tonto. Me gritó y por eso no le compré nada"; ante esta conducta, es preferible esta otra: "La señora no sabe controlar sus emociones y hoy está tratando en forma incorrecta a sus clientes, razón por la cual tiene pocos compradores. Así que voy a aprovechar esta oportunidad para comprar rápidamente lo que necesito y luego me retiro".

Los niños que son enseñados a canalizar equilibradamente sus emociones –las identifiquen, las sientan y las expresen en forma adecuada– serán individuos exitosos tanto en su vida personal como profesional. Los padres que aman a sus hijos y comparten el hogar con ellos, *siempre deben actuar con autocontrol y firmeza,* de lo contrario pueden estarles entregando la potestad a los hijos para que comanden sus emociones, sus vidas y la dinámica de convivencia del hogar. Tienen que explicar y colocar cada cosa en su lugar. En el hogar, los padres son pilotos y copilotos, sus hijos los pasajeros, de esta manera todos pueden viajar por la vida en forma segura, apoyándose los unos a los otros, unidos por lazos de amor y respeto, siempre y cuando todos se manejen con *autocontrol,* disciplina y autoridad moral.

Tu hijo tiene que habituarse, desde sus primeros días, a que la vida no es como él se la imagina sino que, simplemente, ella posee su dinámica propia. Es como es y su deber es aceptarla y disfrutarla tal cual es, porque la realidad es una sola y no es modificable. Lo único que él puede modificar es su actitud frente a ella y esto se lo enseñas desde el primer día de vida con tu actitud. Hazle sentir que lo amas y respetas, enséñale que en el hogar existe la palabra espacio y normas de convivencia, las cuales tiene que comprender y aceptar. El conocer las normas y respetarlas lo convierte en un ser civilizado y para lograrlo tiene que desarrollar una habilidad social que se llama *autocontrol*.

Cuando tu hijo nace no domina ninguna conducta y la única forma de enseñarle las normas que existen en tu hogar es con tu actitud, aplicando rutinas y manteniéndolas con autodisciplina. Si logras conducirte de esta manera y educas a tu hijo con disciplina, autoridad moral y en forma equilibrada, le estarás enseñando a tener *autocontrol* y, con esta base, podrás enseñarle todas las habilidades sociales que le permitirán montarse y mantenerse en la autopista de la felicidad y el éxito.

El *autocontrol* lo aprenderá tu hijo desde que nace, bien sea modelando su conducta o actuando bajo la ley causa-efecto, es decir, respondiendo a las frustraciones a través de sus impulsos para ver con cual puede obtener respuestas gratificantes. Al inicio llorará o se chupará sus manitas y a través de ello observará qué respuesta recibe del medio que lo rodea y la que sea más gratificante, placentera, la repetirá hasta lograr convertirla en un hábito de vida. Detengámonos en los ejemplos siguientes:

Ejemplo 1: Manuel con su llanto logra romper la rutina de su madre, pues ella le dedica todo su tiempo a estar con él colocándole el pecho para que se tranquilice y dejando de un lado todo aquello que tenía planificado hacer. La respuesta para Manuel es gratificante porque logró llamar su atención y mantenerla a su lado, esto lo convertirá en su hábito de vida por lo que cada vez que esté en una situación incómoda, él no tratará de resolverlo por sí mismo sino que simplemente llorará y su madre correrá a solucionar su limitación. El problema es que esto –también para su madre– se transformará en un hábito de vida. Hábito que arrastrará independientemente de la edad que tenga su hijo, pues psicológicamente nunca lo verá crecer ya que estará consciente de no haberle permitido desarrollar las habilidades que él necesita o necesitará para poder adaptarse al mundo donde le corresponde vivir, y esto hará que, ante sus ojos y los de su madre, él se sienta y observe como una persona incapacitada, débil, con una autoestima baja que siempre requerirá de su progenitora.

Ejemplo 2. En el momento en que Manuel inicia el llanto, su madre se acerca, lo observa, le revisa el pañal para notar en qué condiciones está, revisa también la ropa a ver si tiene etiquetas, costuras o adornos que pudieran molestarlo, se detiene a mirar si tiene calor o frío y le ofrece agua por si tiene sed. Si todo está correcto y no es la hora de comer, le habla explicándole que ella sabe que él está incomodo porque no puede hablar, gatear, ni caminar y esto hace que se sienta frustrado, pero que tiene que asumirlo. Esto es solo una corta etapa de su vida por la que tiene que transitar para poder desarrollar el autocontrol. Inicialmente, para lograrlo, va a utilizar su llanto y cuando observe que esto no es nada gratificante, lo sustituirá por chuparse sus manitas, lo cual le transmitirá una sensación placentera y, más adelante, cuando tenga que mantener sus manitas ocupadas se dará cuenta que, copiando la actitud de autocontrol de sus padres, sentirá también la misma sensación relajante y la adoptará como habito de vida.

El deber de los padres en esta etapa inicial del niño es manejarse con autocontrol, firmeza y paciencia, brindándole el espacio que él necesita para pasar del llanto a chuparse sus manos y luego de allí a desarrollar su *autocontrol. ¡¡¡Recuerda!!!*, siempre que tu hijo te mire y su actitud sea placentera, debes reforzarla acercándote a él, tomándolo en brazos y demostrándole tu amor abrazándolo, cantándole, bailando o jugando hasta que observes fatiga en él. Lo colocas de nuevo en su coche, con esto estás reafirmando en forma positiva su *autocontrol*.

Los hijos van a tener muchos obstáculos qué vencer en su día a día, lo importante no es la cantidad o calidad de ellos, lo trascendental es enseñarles, desde que nacen, que los obstáculos son oportunidades para crecer, por lo cual deben ser transformados en desafíos. Las caídas que experimenten son para aprender a levantarse, sacudirse y seguir sin temor el camino. Y como el pensamiento empuja la acción, hay que repetirles constantemente, que ellos son inteligentes y fuertes y que pueden con eso y mucho más, que sabrán ingeniárselas para asumir los inconvenientes y resolverlos a su manera, sacándole provecho en forma de ganancia recíproca. *¡¡¡Recuerda!!!* La autocompasión destruye.

Educándolos con *autocontrol* aprenderán sin temores a enfrentar, superar y disfrutar en forma adecuada todas las vivencias que la vida les tiene destinada.

Tolerancia

La tolerancia es la capacidad de reconocer y respetar espacios propios y ajenos y es la base de la convivencia en armonía. Es la virtud que tu hijo desarrolla cuando tiene consciencia de tener un lugar emocional y físico que está representado por su forma de sentir, ser y actuar; ese lugar tiene validez y es su aspiración y su derecho el que sea reconocido y respetado por su entorno. De igual forma, asume que todo lo que lo rodea también lo tiene con la misma legitimidad y él está preparado para reconocerlo, aceptarlo y respetarlo, sin que esto quiera decir que obligatoriamente debe ceder sus derechos. Es solo asumir que el mundo no le pertenece solamente a él, que debe compartirlo con millones de personas y que la única forma de lograr su felicidad y prosperidad es actuar con tolerancia, justicia y saber negociar.

Si tu hijo cree que su forma de pensar y actuar es la única que debe ser respetada, y que la vida, las personas y el tiempo siempre deben ajustarse a sus exigencias está programando su vida fuera de la realidad, lo cual le crea constantemente frustración, porque no puede alcanzar sus objetivos en forma fluida. Él tendrá que reflexionar y entender que convivir con prosperidad y éxito, empieza por comprender que el mundo no puede girar a su alrededor. El mundo tiene su dinámica propia, por lo tanto, si él quiere vivir en armonía y sentirse aceptado y respetado, debe dispensarle esas mismas virtudes y desarrollar la capacidad de adaptación, lo que logrará actuando con tolerancia, paciencia y en forma justa.

Hazle saber a tu hijo, que él ocupa un espacio exclusivo que lo hace único y está conformado por la cantidad de características tanto físicas como psicológicas que lo identifican y lo diferencian de otras personas: su forma de observar la vida y analizarla, tomar sus propias decisiones y actuar, sus talentos, sus habilidades, sentimientos, emociones, gustos, su color de piel, tamaño y peso etc. Solo a él le pertenecen. Adviértele que en cualquier lugar donde se encuentre va a estar en contacto con personas de hábitos, culturas, idiomas, razas, tamaño, colores, formas de vestir, hablar y actuar distintas y que así como él los ve diferentes, ellos también sienten lo mismo con respecto a él. Todos tienen la misma necesidad de ser aceptados con amor y respeto, sin ser juzgados o criticados.

Motívalo a asumir una actitud inteligente cuando tenga que interactuar con personas diversas, que aprenda lo positivo de cada una de ellas, pues, le permitirá aumentar su cultura general y mejorar sus habilidades sociales. Que indague los beneficios que ellos les puedan aportar, pero teniendo siempre presente que sus raíces son las más importantes, sin embargo, esto no limita su derecho a crecer continuamente con honestidad y apegado a sus principios y a la leyes.

Para que tu hijo pueda asimilar la tolerancia como una virtud, primero debe conocer el significado de la palabra espacio y comprender que sus padres, hermanos, familia, etc. no pueden estar siempre a su disposición y menos aún, pensar o actuar como él decida. Al tu hijo asumir que su espacio personal es único y legítimo, está aceptando que el primero que debe honrarlo con responsabilidad es él, mostrándose desinteresado ante los juicios nocivos y manteniéndose firme en sus decisiones, sin tomar en cuenta las presiones grupales, así evitará que las opiniones tóxicas lo atrapen o se alojen en él. Con esta actitud evitará el acoso y educará al agresor, porque con el ejemplo le estará sembrando la semilla de la tolerancia y el respeto.

El secreto para que tu hijo pueda desarrollar la tolerancia y evitar el acoso es reconocer y compartir las actitudes positiva de las personas con las cuales se comunica e ignorar aquellas con las que no se identifica. Incúlcale, que cuando él vea actitudes diferentes en otras personas, aunque no las comparta, no tiene por qué invertir su valioso tiempo en juzgarlas o criticarlas.

Si sueñas con un hogar donde se pueda convivir con armonía y tener un espacio donde puedas respirar con tranquilidad después de una fuerte jornada, debes saber que estás en tu derecho y que te lo mereces, pero, para poder alcanzar este deseo, primero tienes que guiar a tu hijo en el reconocimiento de las palabras espacio, normas, hábitos y tolerancia.

Desde que nace, tu hijo debe asumir que su madre que lo ama y lo adora es un ser humano; que aparte de ser su progenitora, también tiene el deber y el derecho de continuar con todas las actividades y los roles que ella venía desempeñando antes de que él llegara al mundo. Tanto las actividades personales (bañarse, comer, dormir, etc.) como las compartidas (el rol de pareja, de madre de sus hermanos, de copartícipe de la conducción del hogar) deben ser realizadas en equilibrio, para su bienestar y el bienestar de todo el núcleo familiar, incluyendo al recién llegado.

La única forma de enseñarle a tu hijo a internalizar la palabra espacio, es que ustedes como padres y guía de familia –con autoridad moral– dejen de un lado sus miedos e instintos de sobreprotección y con constancia respeten y hagan respetar los espacios de cada miembro de la familia, esto lo lograrás al poner en práctica normas de convivencia y no permitir

La mejor forma para que tu hijo pueda manejar sus frustraciones es inicialmente llorando y luego chupándose sus manitos. No es casualidad que el
reflejo de succión en los niños esté exacerbado los
primeros 4 meses de su existencia, esto es una necesidad biológica que el recién nacido posee y que
está relacionada con el desarrollo de otras habilidades neurológicas y emocionales. Por lo tanto, es
deber de los padres BRINDARLE CON TOLERAN-
CIA ese ESPACIO, donde él pueda experimentar
primero con el llanto y luego llevándose sus manitas a la boca.

El niño que crece al lado de una madre que deja
de vivir su propia vida para entregarse las veinticua-
tro horas del día a tratar de cubrir los requerimientos
de su hijo evitando que él llore, no le está ofreciendo la oportunidad para que "descubra" las palabras

espacio y límites; y menos aún, aprenda a manejar sus propias frustraciones y desarrollar la tolerancia, la paciencia, el autocontrol, la adaptación y la resciliencia. Los hogares donde la sobreprotección es la norma, se caracterizan por tener niños inseguros, dependientes, impulsivos e irrespetuosos. Si observas estas actitudes en tu hijo es hora de que te preguntes: ¿cuál es el momento ideal para educar a mi hijo a convivir con tolerancia y armonía?, ¿en qué momento podrá desarrollarse como un ciudadano feliz y exitoso?, ¿cómo podrá conocer y manejar la palabra límite?, ¿cómo podrá integrarse y adaptarse a la sociedad en forma equilibrada y sin traumas?

Si deseas que tu hijo desarrolle la virtud de la tolerancia, debes estar pendiente de tu propia conducta, de saber escuchar y respetar la opinión de cada persona, de observar tu entorno tratando de comprender y aprender, y sin expresar juicios, ni buscar culpables. Recuerda que tu hijo va a imitar lo que está observando en ti. Cuando vayas a hacer comentarios sobre familiares, amigos u otros individuos, debes hablar de sus cualidades e ignorar sus defectos. Acostúmbrate, si vas a analizar una situación que te parece inapropiada, a hablar sobre el hecho y no de las personas involucradas. Y al hacerlo, siempre debes mostrar una actitud de respeto, evitando los juicios negativos y las burlas, hurgando en el hecho para obtener un aprendizaje de esa vivencia.

> *¡¡¡Recuerda!!!*: si enseñas a tu hijo a burlarse, juzgar, criticar o descalificar a otros seres humanos, este será el patrón con el cual él se conectará contigo y con su entorno; y en un futuro, no muy lejano, estarás sembrando en él las bases para una personalidad intolerante y acosadora.

La mejor forma de educar es reforzando las conductas tolerantes de tu hijo, de sus amigos y de las personas del entorno del niño. Presta mucha atención cuando él o ellos actúen respetando la forma de ser de sus semejante, no lo dejes pasar por alto, apruébalo, felicítalo, hazle ver que sientes mucho orgulloso de su actitud.

La paciencia

La paciencia tiene más poder que la fuerza.
Si he hecho descubrimientos invaluables ha sido
más por tener paciencia que cualquier otro talento.
Isaac Newton

Paciencia es el arte de manejar el tiempo a tu favor y se alimenta de la motivación. Es la habilidad que desarrolla tu hijo cuando logra controlar sus emociones y pensamientos, con el fin de aceptar el tiempo que amerita cada vivencia para realizarse a plenitud, y así poder sacarle su máximo rendimiento, identificando cuál es la velocidad, forma y momento ideal para actuar y cuál es el de esperar. Se hace en forma consciente, dominando la ansiedad y orientando esa energía en mantener la mente fija en soluciones, hay que tener la disposición de emplear el tiempo y persistir en el trabajo necesario hasta lograr la totalidad de la meta y recibir la máxima gratificación. Es saber trabajar en forma relevante con excelencia y elegancia con el propósito de alcanzar el objetivo planteado.

> La paciencia es la base de la resistencia, armonía y tolerancia, virtudes que tu hijo requiere para alcanzar sus objetivos y ella a su vez necesita de él su fe, su esperanza y su autocontrol para enfrentar situaciones con altas cargas emocionales mantenidas en el tiempo. Esto hará que pueda resistir y persistir sin descontrolarse ni cansarse y le permitirá reflexionar, prepararse y actuar en el momento oportuno con precisión, empujándolo a caminar con constancia y firmeza, con tal de lograr la satisfacción plena en el alcance de su objetivo.

La paciencia logra amortiguar y canalizar la impulsividad generada por la frustración, desviándola hacia la reflexión; transforma de esta manera una energía destructiva en una motivación creativa. La mejor forma de educar a tu hijo en los momentos de alta tensión emocional es respirando profundo y concentrándote en enseñarle, con paciencia, a buscar y encontrar los potenciales positivos de las vivencias y canalizarlo para que ejecute acciones donde él y la colectividad gane.

La paciencia y la alta autoestima permite que tu hijo desarrolle el hábito de reflexionar antes de actuar, lo cual es primordial cuando se tiene que enfrentar a situaciones límites, donde están en riesgo la salud física o emocional personal y colectiva. El reflexionar le permitiría darle más importancia a las consecuencias poco gratificantes que debe asumir, que a los placeres momentáneos que va a obtener y establecer orden de prioridades, donde la estabilidad emocional, física y convivencia en armonía sean su objetivo principal.

La paciencia también hace que tu hijo pueda obtener mayor provecho de sus talentos, al desarrollar la capacidad de prepararse adecuadamente, planificar con minuciosidad sus pasos, reintentar con determinación las veces que sea necesarias y esperar, con una actitud positiva, el momento y la forma adecuada para recibir los resultados de sus esfuerzos en el momento que estos sean más rentables.

En los hogares donde los padres desarrollan la virtud de educar con disciplina y firmeza, pero con paciencia se logran obtener ciudadanos con una autoestima alta, ecuánimes, de buen rendimiento escolar y de buenas relaciones interpersonales, menos impulsivos y agresivos, más equilibrados y con mejor capacidad de adaptación. *¡¡¡Recuerda!!!*: los niños y jóvenes aprenden por modelaje, lo que los adultos manifiestan y proyectan.

Entrega total

> *Nunca llegarás a tu destino si te paras*
> *a tirar piedras a cada perro que ladra.*
> Winston Churchill

La capacidad de concentrarse en fijar pensamientos y acciones en lo que se está haciendo y saber ignorar los distractores se conoce como entrega total. El hacerlo aumenta la creatividad y con ello la agilidad para alcanzar los objetivos y superar los obstáculos en forma firme, y en menor tiempo. Ella es la base de la excelencia.

Indícale a tu hijo que el secreto para poder entregarse, cien por ciento, en lo que está haciendo consiste en saber identificar cuál es su meta más importante y establecerla como prioridad. Luego, planificar objetivos inmediatos y de mediano plazo, determinando el tiempo límite para ejecutarlos e igualmente el período de descanso. Cada objetivo debe contar con pasos a seguir para poder alcanzarlo, y actuar con congruencia y disciplina hasta lograr obtenerlo. Durante el desarrollo de cada uno de estos objetivos, debe saber ignorar cualquier distractor que lo aleje de su planificación inicial y solamente colocar su lupa en aquellos estímulos que le permitan conocer y desarrollar nuevas habilidades, para finalizar su propósito a tiempo y en forma efectiva, lo que se traduce como responsabilidad y buena calidad del producto. Si tu hijo decide dejarse llevar por sus impulsos y permite que su horario de trabajo se mezcle con los distractores que lo rodean –personas, teléfono, video juegos, problemas personales, etc.– estos entorpecerán su poder de concentración, causándole pérdida de tiempo, de esfuerzo y por lo tanto frustración.

> Cuando tu hijo no logra concentrarse en forma adecuada, pasa a ser un problema porque altera la dinámica del entorno donde se encuentra, al no cumplir con la parte de responsabilidad que a él le corresponde, y en consecuencia, él pierde y hace perder a los demás (perder- perder).

> Si tu hijo desea ser tratado como una persona importante e imprescindible en los espacios donde se desenvuelve o aspira desenvolverse, lo ideal es que sepa reconocer cuales son los distractores y con autodisciplina los ignore, para que ellos puedan desaparecer de su radar.

Enseña a tu hijo a comprender que su éxito no puede depender de la existencia o ausencia de distractores en su lugar de estudio o, en su defecto, de trabajo, porque estos están subordinados a las circunstancias, por lo que se escapan de su control, entonces, *la sabiduría consiste en ignorarlos* y hacer que *no existan para él.*

El saber superar los obstáculos

El desarrollar la habilidad de transformar las dificultades en oportunidades es determinante para enfrentar y superar los obstáculos. Los obstáculos no son más que fragmentos de vivencias cotidianas, que impiden continuar el camino hacia objetivos definidos, de allí a que impacte inicialmente en forma desagradable. Si tu hijo ante la presencia de un obstáculo con persistencia y fe se detiene, lo observa, lo analiza y encuentra lo positivo que esa experiencia lleva implícita, puede transformarlo en su aliado y desarrollar nuevas estrategias que usará como trampolín para acercarse en forma más fructífera a su meta, por lo tanto, el secreto consiste en hacer un esfuerzo para enfrentarlo y superarlo.

Tú como padre educador debes saber que las situaciones incomodas forman y formarán parte del día a día de tu hijo, y están allí para estimular su crecimiento emocional e intelectual, y con ello él pueda desarrollar nuevas habilidades que formarán parte de su proyecto de vida.

Es deber de los padres hacerle entender a los hijos que la única forma de que un obstáculo pueda desaparecer de sus vida, es que lo vean como un desafío y enfoquen sus pensamientos y energías en encontrar soluciones, evitando la tentación de buscar culpables o justificaciones, que asuman una actitud de firmeza, paciencia, persistencia y lo superen, luego que sean agradecidos y disfruten su éxito, porque cada obstáculo, manejado con inteligencia, puede ser transformado en un valioso aprendizaje.

Tu hijo debe estar preparado para asumir que los obstáculos forman parte de la vida cotidiana del ser humano, se quiera o no, y a partir de ellos es que individuo puede ir reconociendo y desarrollando sus habilidades y talentos.

En el momento en que tu hijo recibe el impacto de un obstáculo, él puede responder con una actitud de parálisis, de ataque o de huida, conductas que son generadas en forma reactiva, es decir, ante un estímulo hay respuesta (instinto). Dicha respuesta dependerá del origen del obstáculo, de su magnitud y de sus hábitos de vida. Si ocurriese lo contrario –estar consciente de la presencia del obstáculo y de su impacto– iniciará el procesamiento mental del mismo (racional), sentirá como se despiertan en él sensaciones de angustia, de intranquilidad, de miedo, de temor, de frustración o de ira, emociones que no cesarán hasta que decida aceptar su presencia, reaccionar ante él y superarlo. Y en correspondencia a su condición humana y sus hábitos de vida, actuará de manera expectante y negociadora, o en su defecto, iracunda o irresponsable.

La actitud expectante y negociadora con autocontrol: observa, comprende y analiza los hechos tal son o fueron (la realidad), para saber con qué cartas se cuenta y así establecer las posibles opciones para resolver en forma de ganancia recíproca y luego actuar y superar de manera efectiva el obstáculo.

La actitud iracunda: analiza lo negativo de los hechos pero invierte la energía y el tiempo en enjuiciar y culpar a los actores involucrados y al hecho en sí; de modo que se desvía de toda responsabilidad en la situación, buscando revancha y descargando todas las frustraciones, culpas y complejos. La ira alimenta las energías negativas, las cuales aumentarán la complejidad del obstáculo, causarán daño psíquico y físico a tu hijo e impedirán la solución y superación del problema.

La actitud irresponsable: analiza todo lo negativo de los hechos, señala culpables para justificar el no buscar soluciones, actúa con autoestima baja y en forma egoísta, pensando en cómo se siente y las consecuencias que le va a traer ese hecho. Asume de entrada que no está en capacidad de resolver el obstáculo, por lo cual trata de no involucrarse y mantenerse en su zona de seguridad. Emplea toda su energía y tiempo, bien sea en tratar de llamar la atención, señalándose como víctima o huyendo del "problema". Drena su inseguridad, frustración y miedo a través de las críticas, del licor, de sustancias psicotrópicas, del sexo irresponsable, de los video juegos, etc., sin tener la valentía ni el tiempo para dedicarse a superarlo o apoyar a los verdaderamente afectados.

Un obstáculo pudiera estar allí para indicarle a tu hijo, que las cosas pueden ser mucho mejor que las que él tiene actualmente, si toma la firme actitud de cambiar algunos hábitos, lo cual le permitirá sacarle más provecho a sus habilidades o talentos. En este caso, un obstáculo pasaría a ser una oportunidad para crecer ante la adversidad. En otros, lo que quiere transmitirle es que existe algo que puede lesionar su integridad, impedir desarrollar sus habilidades y talentos o frenarlo en el avance hacia sus objetivos; y que si continua haciendo las cosas de la misma manera va acarrear en él y en su entorno lesiones cada vez más amplias y dolorosas. Es la oportunidad de comprender que el camino que transita no es el ideal, por lo cual debe detenerse, analizar y desarrollar nuevas logísticas de cómo alcanzar sus metas en forma de ganancia recíproca. El obstáculo es un alerta para que él despierte, se encuentre a sí mismo y comience a desarrollar con autodisciplina todas las habilidades y talentos para su beneficio y el de su entorno, y debe hacerlo con responsabilidad y esperanza, atado a sus principios y a las leyes, y manejando hábilmente sus emociones (autocontrol).

Existen tres tipos de actitudes que tus hijos pueden desarrollar para vencer obstáculos:

1. *Actuar en forma de ganancia recíproca*: ocurre cuando ganan ellos y gana la mayoría; con autodisciplina, esperanza y energía positiva, en este caso, como efecto de estas condiciones, por causalidad –(causa-efecto)– ellos siempre serán personas exitosas, seguras, con actitud de triunfadores (autoestima alta) y rodeados de amigos; y aprovecharán todos los obstáculos que se les presenten en su camino, para crecer y darle gracias a Dios por esa experiencia de vida.

2. *Sentirse víctima*: reaccionan a través de sus miedos, creencias o por manipulación, donde ellos pierden –sacrificios– para que los otros ganen; por causalidad, terminarán solos y frustrados.

3. *Tienen siempre la razón*: toman decisiones y deciden actuar con la certeza de que solo ellos siempre tienen la razón, y lo hacen buscando en todo momento ser los ganadores, sin importarles las lesiones que puedan ocasionar a su entorno con tal de lograr su objetivo. Por efecto de la causalidad ocurrirá lo contrario, serán perdedores, rodeados de enemigos, frustrados e irascibles, hacen el papel de víctimas-victimarios.

Tus hijos tienen que superar los obstáculos de manera positiva, lo cual significa afrontarlos, aceptarlos, analizarlos y resolverlos en forma de ganancia recíproca, porque, mientras existan perdedores los obstáculos tienen la posibilidad de resurgir, por lo tanto no se puede afirmar que estén superados. Pueden darse casos en los cuales en el pasado de tus hijos existieron obstáculos que no quisieron afrontar y superar, y hoy día les están impidiendo llevar sus vida en forma feliz y productiva. Tu desempeño como padre debe ser el guiarlos para que los retomen, analicen y superen en forma positiva, con autodisciplina, seguridad, esperanza y constancia hasta lograrlo. Y al hacerlo comenzarán a abrirse los caminos para que puedan transitar libremente hacia otras metas, en forma segura y con la autoestima alta.

La vida es siempre equilibradamente justa y es a través de los obstáculos que ella va indicando a tu hijo el camino a seguir. Él es y solamente él quien puede decidir en su vida lo que va a ver, a través de qué lentes lo va a hacer y qué decisiones va a

tomar después que los observe. Recuérdale a tu hijo que todo es *causa-efecto* y
es su deber decidir su camino, y asumir
con responsabilidad el obtener o no beneficios de cada uno de los obstáculos
que se presenten en ese transitar.

TALENTO Y CREATIVIDAD

El poder de los talentos

Nadie debe comer sin habérselo ganado.
Confucio

Los talentos conforman el regalo más grande que el ser recibe del Creador, allí se encuentra su verdadero mapa del tesoro, la raíz de su existencia y la fuente de su energía, su deber es encontrarlos, hacer equipo con ellos, dejarlos fluir y desarrollarlos con fe, constancia y disciplina, para bienestar propio y colectivo. Enséñale a tu hijo a escucharse a sí mismo y encontrar dentro de él, cuáles son sus sueños, esperanzas y deseos, porque ellos representan la luz que le mostrará el camino a seguir. Su intuición, aunado al análisis de hacia dónde se quiere ir y qué se va a hacer para llegar allí, le dará creatividad, dirección y gran sentido a su existencia.

Guía a tu hijo en crear consciencia del poder que tiene cuando logra perfeccionar en forma responsable sus *talentos*, pues esto generará cambios positivos para él y su entorno, lo hará sentirse cómodo, satisfecho, útil, independiente e inteligente, elementos todos que ayudarán a mantener su autoestima alta. El secreto más importante que debe conocer tu hijo para alcanzar la felicidad y el éxito consiste en saber disfrutar de sus esfuerzos y de sus logros mientras desarrolla sus capacidades en pos de una meta, y al hacerlo tiene que evitar cederle espacio a los juicios, miedos, pereza o críticas que puedan opacarlos.

¡¡¡Recuerda!!! Dios hizo a tu hijo perfecto y le dio los talentos para que viva en contacto con la felicidad y la prosperidad. El que logre o no convivir con ellas, dependerá exclusivamente de la actitud que él decida asumir a la hora de administrarlos.

Cuando tu hijo decide ignorar el poder de sus talentos y quiere mantenerse en su zona de seguridad y tranquilidad, se columpia y adormece en el mundo de la mediocridad eligiendo como compañeros de viaje al miedo y la apatía. Motívalo, entonces, a entender y comprender que su inteligencia radica en su capacidad de convertir los obstáculos en desafíos y a través de sus *talentos* enfrentarlos. ¿Cómo?, creando productos nuevos, mejorando los existentes o prestando servicios en el momento oportuno, lo que permitirá optimizar su calidad de vida y la de su entorno.

Tu hijo, al estar consciente de sus *talentos*, se hará proclive a dedicar tiempo y esfuerzo en ejercitarlos y perfeccionarlos, y disfrutará día a día el superar en forma positiva los obstáculos, transformándolo en una persona feliz, de autoestima alta y exitosa.

Guiando los talentos en tu hijo

Los talentos son varitas mágicas que poseemos para hacer de los sueños una realidad. Desde su primer día de vida, cuando están comenzando a conocer y adaptarse a su nuevo ambiente, los seres humanos van identificando cuales son sus necesidades y deseos, y como hacer para tratar de resolver y alcanzar sus objetivos. Es tu deber enseñarle a tu hijo a descubrir y desarrollar sus talentos.

La fuente de energía más importante que va a tener tu hijo para levantarse todos los días alegremente, con entusiasmo, asumiendo y disfrutando los retos que cotidianamente le entrega la vida, es planificando positivamente con fe y esperanza sus actividades. En una agenda o en su diario registrará las labores que debe realizar al día siguiente, organizándolas de acuerdo a sus objetivos y en orden de prioridades. Asimismo diseñará mentalmente lo que va a hacer para alcanzarlos y recreará la actitud que va a asumir cuando los logre. Él debe saber que cada uno de ellos lleva implícito una energía propia para hacerse realidad y si al despertarse repasa mentalmente su agenda de ese día, se levantará con una gran motivación para iniciar rápidamente y en forma positiva sus tareas.

Enséñale a tu hijo que cuando una persona logra desarrollar sus talentos en forma responsable y administrar en forma adecuada sus frutos, obtiene estabilidad emocional e independencia económica configurándolo como un individuo mentalmente equilibrado, capaz de subsanar sus necesidades, complacer sus sueños y ser próspero

La mejor forma de estimular los talentos de tu hijo es observarlo en todo momento, pues querrá imitarte y se motivará a descubrir y desarrollar una cantidad de habilidades desconocidas por él. Se pueden presentar obstáculos que le producen frustración, pero los tiene que transformar en desafíos y superarlos a su manera, esto le va abriendo las puertas a nuevas ideas y con ello al desarrollo de nuevas habilidades, iniciándose un espiral de crecimiento continuo con el despertar de nuevos talentos y destrezas. Es importante que estés pendiente de cada nueva habilidad que desarrolle para felicitarlo, halagar su inteligencia y manifestarle el orgullo que sientes de ser su padre o su madre. Háblale de agradecer a Dios y la vida por esa coyuntura, y de ver los obstáculos como desafíos que le dan la oportunidad para reconocer sus talentos, facultándolo para crecer con fe en Dios y en sí mismo, es decir, caminar por la vida en forma segura, desafiando sus temores y con alta autoestima, actitud que lo convertirá en una persona exitosa e independiente.

Si actúas como un padre con autoridad moral, donde el tiempo que compartes está cargado de amor pero respetando el espacio que él necesita para poder descubrir sus talentos, desarrollar sus habilidades y superar por sí solo sus obstáculos, puedes considerarte un padre estimulador.

Coméntale sobre el talento que desarrolla en un momento determinado y como puede emplearlo para ayudar a su entorno, esto hará que él lo asuma como un don especial que posee. Enséñale poco a poco, cada vez que se presente la ocasión, que papel juegan en la sociedad los diferentes profesionales para ver con cual se identifica (técnico, médico, ingeniero, arquitecto, escritor, poeta, periodista, científico, matemático, contador, analista de sistemas, marino, piloto, escultor, pintor, atleta, bailarín, artesano, compositor, director de orquesta, músico, fabricante de instrumentos musicales, maestro, actor, político, psicólogo, cantante, etc.), porque quizás eso te pueda permitir orientarlo sobre sus potenciales talentos

Presta atención a las actividades y objetos a las que tu hijo dedica tiempo en manipular e investigar. Si ves que tu hijo está desbaratando algún juguete, no lo juzgues de entrada, simplemente obsérvalo y si descubres su interés en querer investigar cómo está hecho, ¡respétale su espacio y su estado de concentración!, es su juguete y lo está utilizando para desarrollar su vena científica. Cuando termine, apóyalo reforzándole su actitud de investigador e indícale, como todo buen padre educador, que debe colocar todas las piezas de nuevo en su lugar. Lo más importante es haber descubierto que a este tipo de niño le atraen juguetes desarmables.

Cuando observes que tu hijo domina alguna habilidad, invítalo cada vez que se presente la ocasión a estudiar más sobre ella y a ejercitarla, pero recuerda, el secreto está en nunca presionarlo, puedes motivarlo pero jamás forzarlo, respétalo, él es el que debe decidir cuando quiere y cuando no. ¿Tu deber? Aceptar su decisión sin insistir, ni generarle el sentimiento de culpa. Por el contrario, tiene que percibir que tú te sientes muy orgulloso de él y que estás consciente de que él no es un títere a quien puedes manejar a tu antojo.

¡¡¡Recuerda, refuérzales a tus hijos sus talentos a través de los reconocimientos lo más pronto que puedas!!! Mientras más habilidades desarrollen, otras tantas descubrirán para que puedan darles vida, y el saberse útiles y talentosos les aportará confianza en sí mismos alimentando su autoestima.

¿Cómo ayudar a tu hijo a desarrollar sus talentos?

En primer lugar: Modelando conductas. Los dos primeros años de vida de los niños son los más importantes en la estimulación del desarrollo neurológico, es por esto que son importantísimas las rutinas y la comunicación positiva entre ustedes y él (o ellos). Condúcelo a convivir en armonía, viendo y disfrutando lo mejor que existe en su entorno e ignorando lo desagradable, mientras desarrolla habilidades sociales como las normas, los hábitos, el espacio y los límites, el autocontrol, la tolerancia, el respeto y la disciplina.

Enséñale, desde que nace, a deleitarse en cada momento con los diferentes sabores, olores, sonidos (notas musicales, tonos de voz, etc.), texturas, temperaturas, y de la presencia o ausencia de luz, colores y formas. Es entrenarlo para percibir la vida a través de sus sentidos, y organizar las sensaciones e imágenes en su interior, en su memoria, de la que va depender en gran medida la elaboración de respuestas adecuadas a los diferentes estímulos que va a recibir a lo largo de su vida, es decir, va a influir directamente en el desarrollo de su coeficiente intelectual y emocional.

Impúlsalo a tener consciencia de sus cinco sentidos. ¿De qué manera? Veamos.

Paladar. La mejor forma de que tu hijo pueda desarrollar la habilidad de percibir diferentes sabores es a través de la leche materna, porque su sabor cambia según los alimentos que la madre ingiere durante el período de lactancia, al contrario de las fórmulas lácteas cuyo sabor es uno solo.

El tacto. La rutina del baño nocturno. Ritual con el cual lograrás estimular el sentido más grande del cuerpo, la piel, al colocarlo en el agua, secarlo y practicarle masajes. A su vez le permites relajarse para obtener un sueño más adecuado. También, una o dos veces al día, frótale sus manitos y piecitos suavemente con objetos que estén hechos de diferentes texturas (algodón, cepillo de peinar, toalla etc.) y temperaturas (frío, tibio), y le nombras la parte del cuerpo que estás tocando y con qué lo estás haciendo.

Oído y vista. Estimúlalo auditiva y visualmente. Invéntale tus propias canciones relacionadas con la actividad que estás ejecutando, recuerda verlo a los ojos, decirle que lo amas y sonreírle mientras le cantas. Hazle oír los sonidos que emiten los diferentes instrumentos musicales por separado como el piano, el violín, la flauta, etc., cada día un instrumento diferente, una o dos veces a la semana. Igualmente piezas musicales donde estén integrados todos ellos, así aprenderá a identificarlos dentro de la orquesta. También, hazle escuchar programas educativos y canciones infantiles tanto en su lengua materna como en otras lenguas, media hora dos veces al día. Si los padres o abuelos hablan un idioma diferente, cada vez que estén en contacto con el niño, deben hablarle en esa lengua.

Estimúlalo, desde los quince días de edad, haciendo movimientos con tus manos u objetos en forma vertical, horizontal y diagonal. Diseña cartas cuyo fondo sea blanco y contengan en su centro diferentes figuras geométricas: círculos, triángulos, cuadrados, etc. Un símbolo por carta y en colores fuertes que resalten la imagen, al hacer contraste con el blanco, ya que tu hijo no puede captar en forma adecuada los colores pasteles, hasta los tres meses de edad. Desde su primer mes de vida, juega a mostrarle diferentes fotos de cosas o animales (¡no dibujos, deben de ser fotos!), pronuncia muy bien el nombre de cada uno de ellos y acompáñalo con sonidos (onomatopeya) y gesticulaciones que lo identifiquen (perro –guau-guau–, gato –miauuu miauuu–, carro –rummm… rumm…–, campana –dinnn… don…–, tren, licuadora, etc.).

Y en la medida que crece y va descubriendo el mundo…

1. *Háblale siempre como a un adulto y en positivo, jamás le digas lo que no debe hacer sino lo que se debe hacer.* Explícale todo lo que haces, el para qué y el porqué de una determinada manera. Recuerda verlo siempre a los ojos, gesticular y sonreírle mientras le hablas.

2. *Reafírmale la autoestima recordándole que él es fuerte, talentoso e inteligente.* En el caso de que tu hijo quiera que tú resuelvas las actividades escolares o extracurriculares porque no se siente en condiciones de hacerlo, tienes que actuar con autodisciplina. Respira profundo, relájate e invítalo a hacerlo él mismo, nunca lo subestimes decidiendo o actuando por él. Despiértale su confianza, confiando en él, coméntale lo seguro que estás tú de su capacidad de resolver ese obstáculo y muchos más. Con

autodisciplina él logrará lo que se propone, pídele que respire profundo, se relaje y lo intente de nuevo y tantas veces como sean necesarias hasta alcanzar su objetivo.

3. *Estimúlale la creatividad y la lógica.* La palabra pobrecito o tú estás muy pequeño para esa tarea tan exigente lo aniquilará, al no permitirle explorar y desarrollar sus talentos. Puedes permanecer a su lado dándole apoyo presencial y reforzando su autoestima, pero jamás resolviendo sus obligaciones o indicándole como lo va a solucionar.

4. *Motívalo a amar la lectura.* A partir de los quince días de edad, léele con disciplina todos los días entre cinco y diez minutos; poco a poco comenzará a mostrar interés por la lectura y capacidad para repetir lo que tú lees. Convídalo a leer contigo y a interpretar los conocimientos recién adquiridos. Léele un párrafo y haz preguntas para ver qué comprendió de la lectura y que lo exprese con sus propias palabras. ¿El método? Utiliza un tercio del tiempo en leer y luego dos tercios en analizar y fijar la información obtenida. La lectura es la herramienta

más importante con la cual contará a la hora de querer obtener información adecuada. Si tu hijo ama la lectura y tiene un horario para hacer sus tareas, estas últimas serán placenteras, lo cual se traducirá en motivación, buen rendimiento escolar y capacidad de ejecutar sus tareas por sí mismo y en forma responsable. Cuando estén fuera de casa y observes letreros informativos juega a leerlos, o también, al comprar un artículo nuevo, anímalo con tu actitud a revisar el manual de procedimiento del mismo.

5. *Guíalo en el mundo del internet.* Enséñalo a visitar las páginas que le permitan desarrollar sus talentos profesionales, artísticos, deportivos, lingüísticos, para que así aprenda a utilizarlo como un instrumento de crecimiento personal.

6. *Acompáñalo a investigar.* Cuando te haga preguntas de cultura general, invítalo a buscar información en los libros, diccionarios o en internet, hasta que logre aclarar sus dudas.

7. *Enséñalo a razonar a través de juegos.* Ínstalo a hacer rompecabezas, juegos de memoria, ajedrez, sudoku, crucigramas, de señales de

tránsito; a identificar en un globo terráqueo regiones, zonas, países, capitales, etc.

8. *Condúcelo a desarrollar una visión amplia de la vida en el planeta.* Indícale como descubrir la diversidad de fauna y la flora del mundo; y mejor aún, de lo variado que somos los humanos y las distintas culturas a las que pertenecemos. Descríbele cada una de ellas y muéstrale como contribuyen a hacer de este planeta un lugar donde queremos vivir todos unidos y en paz, compartiendo nuestras diferencias y disfrutando lo mejor de cada una de ellas. Exponle que todos somos importantes y tenemos derecho a convivir inteligentemente en equilibrio con nuestro centro y nuestro entorno, sumando nuestros aprendizajes y esfuerzos, para mejorar cada vez más nuestra existencia y la existencia de este planeta.

9. *Sumérgelo en el mundo fascinante de los números.* Muéstrale como puede combinarlos a través de operaciones sencillas de suma, resta, multiplicación y división. Disfruta de su compañía y aprovecha esos momentos para incitarlo a conocer, amar, pensar y hacer sus propias deducciones.

Lo importante no es preguntarte una y otra vez cómo puedes hacer para aumentar el tiempo que le dedicas a tu hijo, definitivamente el secreto no está allí; lo ideal es preguntarte qué puedes hacer para aprovechar al máximo el tiempo que estás con él. Y así con amor, autoridad moral y respeto, enseñarle a mantener una autoestima alta y desarrollar sus talentos, con eso le estas brindando la llave mágica para que él logre abrir sus puertas a la felicidad y el éxito.

10. *Hazle sentir su valía como ser humano.* Dale la importancia que él se merece, respétale su espacio y destácale sus capacidades. ¿Cómo?, cada vez que tomes una decisión, o toques cualquier tópico relacionado con él, pregúntale qué piensa, siente u opina, si está de acuerdo o no y el porqué. Así lo estás enseñando a razonar, opinar, respetarse y respetar. Acuérdate que con tu actitud lo estás educando cotidianamente y si lo respetas lo estás enseñando a respetarte a ti. Permítele que se sienta importante

mientras colabora contigo en la rutina diaria, o cuando lo acompañas en sus actividades curriculares o extracurriculares, haciéndole ver que son una familia, que se necesitan los unos a los otros y todos existen para apoyarse, pero sin crear dependencias patológicas.

11. *Emplea lo lúdico como generador de respuestas favorables para el desarrollo de habilidades y destrezas.* El secreto de la estimulación de los talentos de tu hijo y la buena comunicación familiar radica en estar dispuesto a jugar con él, mientras lo invitas a compartir contigo tu rutina diaria. Juega a desarrollar la creatividad de tu hijo mientras lo invitas a ayudarte con las labores de tu hogar, puedes motivarlo a inventar un cuento o a contar algo que paso el día anterior en su colegio, casa o parque, a buscar las semejanzas y diferencias de los objetos con los cuales están trabajando, a colocarlos y clasificarlos por tamaño, colores, formas o utilidad. También, a estructurar por orden de prioridades sus tareas, sus sueños y sus gustos en el vestir, comer y jugar.

12. *Despiértale el actuar reflexivamente.* Juega a analizar lo positivo o negativo de diferentes

sucesos, a cómo sacarle provecho a diferentes situaciones, cómo resolver los variados problemas o, bien hacerle preguntas: ¿En qué otro lugar se puede colocar? ¿Qué pasaría si esto no existiera? ¿Con quién o con qué crees tú que se pueda sustituir? ¿Qué pasaría si lo hacemos más grande o más pequeño, más delgado o más grueso? ¿Qué es lo bueno o interesante de esto? ¿Qué es lo malo o qué lo hace tan malo?

> Estimular en positivo a tu hijo es aprovechar todos los momentos que estás junto a él, para enseñarle normas y hábitos de convivencia, motivarlo a reconocer y reforzar sus talentos, invitarlo a soñar en voz alta con su futuro, ayudarlo a desarrollar su creatividad, permitirle expresar lo que piensa, siente y sueña, sin miedo a sentirse burlado, criticado o castigado.

13. Cuando compartes tus actividades con tu hijo en forma positiva, también lo enseñas a entregarse, colaborar, trabajar en equipo y a asumir

que la felicidad consiste en encontrar y disfrutar lo mejor de cada momento. Que la vida hay que tomarla como un juego, donde hay que sacarle provecho a cada vivencia que ella nos presenta y que esto solo podemos hacerlo, si estamos dispuestos a jugar, apoyándonos los unos a los otros y actuando en forma de ganancia recíproca.

Guiando la creatividad en tu hijo

La creatividad es la ventana que tu hijo abre para que a través de ella fluyan y se desarrollen sus talentos; darle paso a la creatividad ayudará a tu hijo a ser auténtico, y le brindará el espacio que él necesita, para ponerse en contacto con sus aptitudes y desarrollar habilidades tanto profesionales como sociales.

Las habilidades que tu hijo desarrolle a través de su creatividad serán herramientas que le permitirán resolver en forma más rápida y efectiva los obstáculos que se le presenten y el tener una actitud creativa ayudará a mantener alta su autoestima y le facilitará la buena comunicación con el mundo que lo rodea.

Es tu deber motivar a tu hijo para que exprese sus ideas a su manera, actuando con reforzamientos positivos, sacándole provecho a las circunstancia que puedan incentivar su creatividad, brindándole un espacio para que ella se pueda hacer presente, es decir, promoviendo su libertad de expresión con respeto, sin burlas o juicios. Este espacio solamente debe ser interrumpido cuando, con la actividad que esté practicando, pueda lesionarse o lesionar a su entorno.

Los hijos tienen que aprender a vivir el momento, disfrutar de sus fantasías pero actuando con responsabilidad, esto pueden lograrlo a través de juegos, cuentos, cantos, tocando un instrumento musical, manejando números, hablando en otros idiomas, bailando, pintando, trabajando con plastilina, arcilla o madera, haciendo una pelota con papel, un carrito con madera o con cualquier otro material, etc. Y tú, como padre, aceptar los resultados demostrándole lo orgulloso que te sientes felicitándolo al ver la inteligencia y valentía que él posee y enseñándole a dar gracias a Dios por ella,

Es muy importante que los hijos sepan diferenciar los cuentos que describen la realidad objetiva (lo que sucedió realmente) de los que inventen o se imaginen que podía o debía suceder. Si utilizan su creatividad para inventar cuentos debes reforzarle en forma positiva su actitud creativa. Enséñales que los cuentos creados por su imaginación necesitan ser organizados y contados a su manera, pero los hechos reales deben ser relatados tal cual sucedieron.

Si observas que tu hijo no te habla con la verdad, respira profundo, relájate y enséñalo a ver la diferencia entre los hechos o sucesos reales y lo que él, en ese momento, está transmitiendo a través de su creatividad. Jamás lo califiques de mentiroso, simplemente explícale que es muy inteligente y que nunca puede confundir o sustituir la realidad con su imaginación. Cuando relate los hechos tal como ocurrieron las personas van a creer en él pero si modifica la realidad, ellas perderán su confianza y no lo tomarán en cuenta.

Tu hijo cuando genera nuevas ideas o conceptos que producen soluciones originales o cambios en su entorno es un ser creativo. No inhibas su creatividad, haz lo contrario, *¡¡¡estimúlala!!!*

Aquí hay algunas ideas que puedes aplicar:

1. *Habitúalo a resolver sus obstáculos por sí mismo* con responsabilidad y a su manera, esto aumentará su autoestima y le dará valentía y seguridad a la hora de actuar.

2. *Permítele desarrollar su imaginación e intuición* planteándole diversos problemas e interrogando sobre qué cosas o cómo haría él para resolverlos.

3. *Motívalo a analizar lo positivo o negativo que determinada situación puede acarrearle* o a su entorno, esto le dará capacidad crítica. Aprovecha para enseñarlo a que se analizan los hechos y no se califican a las personas involucradas, lo cual lo hará ser tolerante y objetivo a la hora de tomar decisiones.

4. *Transmítele que cada vez que él quiera asumir un riesgo que no sea potencialmente dañino para él o para su entorno, tú estarás siempre a su lado sin importar los resultados,* porque la valentía y el aprendizaje no está en ganar, sino en arriesgarse y hacerlo, con esto reafirmas que lo que él piensa es válido, que ningún intento es fallido y

estarás demostrando que tú lo amas, admiras y respetas.

5. *Siémbrale el hábito de ser tolerante*, enseñándolo a ignorar las respuestas no adecuadas que pueda recibir de su entorno, cuando él esté expresando su creatividad.

6. *Tú hijo tiene que concientizar que lo que hace o dice no tiene por qué ser agradable a todo el mundo*, pero lo más importante es que se sienta satisfecho y disfrute lo que está haciendo y que lo haga a su manera, sin causarse daño ni dañar a su entorno, esto le permitirá mantener meta fija y capacidad de adaptación.

7. *Cuando tu hijo dice que quiere inventar algo, pregúntale qué es lo que quiere hacer*, para qué lo quiere, qué beneficio espera obtener para él y su entorno, y cómo va hacer para lograrlo, esto le creará el hábito de organizar sus ideas en forma positiva.

8. *Indícale que debe acostumbrarse a andar constantemente con un anotador*, y cuando sienta que está llegando una nueva idea debe anotarla en el momento, aunque el análisis de la misma lo haga posteriormente. Esto evitará que la idea se pierda y no regrese más.

9. *Cuando tu hijo concluya la tarea pregúntale qué dudas tenía al inicio y qué dudas aún se mantienen.*

10. *Enséñalo a manejarse con lluvia de ideas a la hora de buscar solución a un problema,* que las anote todas sin cuestionarlas, todas son buenas, hasta la que parezca más tonta puede lograr posteriormente sorprenderlo, ya que la primera parte es escribirlas todas, para luego analizarlas y perfeccionarlas buscando lo positivo de cada una, como puede cada una de ellas ayudar a resolver el problema, bien sea sola o asociada a otra.

11. *La creatividad se puede expresar a través de tres grandes ramas,* la artística, la deportiva y la científica.

¿Cómo puedes identificar las preferencias y aptitudes de tu hijo?

Actividades lúdicas. Observa cuáles son los juegos que más disfruta, qué atrae su atención y concentración, los temas de conversación que más lo motivan y se involucra aportando nuevas ideas. Participa en actividades lúdicas con cartas que representen las diferentes ramas artísticas, científicas y deportivas e insta a tu hijo a crear historias sobre ellas. Lo más importante es felicitarlo por su capacidad inventiva y narrativa. Déjalo expresar sus fantasías y refuérzalas en forma positiva.

¿Qué elementos pueden obstaculizar el desarrollo de la creatividad en tu hijo?

La crítica y la baja autoestima. La primera bloquea la creatividad, con la segunda aflora la ausencia de fe en sí mismo y en su intuición, porque prevalece más el miedo a fallar y el temor al ridículo.

¿Cómo puedes ayudar a tu hijo a desarrollar su creatividad?

1. *Reafirma su autoestima.* Comenta que él no puede permitir que su entorno bloquee sus ideas. Si le parece que son buenas, tiene que poner la lupa y ver todo lo positivo hasta convertirlas en maravillosas, él es el único responsable de creer en ellas y desarrollarlas, aunque al mundo entero le parezca fuera de lugar. Siempre que tenga una conducta adecuada destácala a través de felicitaciones, agradecimiento y recordándole que es muy inteligente.

2. *Incentívalo a intentar hacer algo que le guste y que considere imposible,* di que él puede hacer

eso y mucho más y que lo debe intentar tantas veces como sean necesarias para lograrlo, sin importarle los intentos que tenga que hacer o el tiempo que tenga que invertir. Lo importante es que sepa reconocer los errores y que aprenda que cada intento fallido significa que aprendió una nueva forma de cómo no hacerlo y esto le permitirá perfeccionarse y generar otras formas de cómo lograrlo.

3. *Enséñalo a mantenerse motivado aunque no logre obtener los resultados que esperaba,* convéncelo para que utilice esta coyuntura en desarrollar la habilidad de esforzarse aún más siendo constante, tolerante y con mucha fe en pos del objetivo que aspira alcanzar. También es conveniente que tenga bien claro el bienestar que va a causar en él y a su entorno cuando logre alcanzarlo, lo que le generará satisfacción, tanto como a ti, viviendo esa experiencia dando lo mejor de él y disfrutando cada pequeña conquista. Muchas veces la motivación se ve empañada por la intervención de terceros (padres, hermanos o amigos) quienes pretenden dirigir, opinar, criticar o burlarse de sus acciones.

4. *Apóyalo en asumir el arriesgarse cuando él aspire un objetivo.* Es posible que no termine de dar el primer paso porque no está convencido de poder alcanzarlo, temor a ser criticado, perder su zona de seguridad o hacer un esfuerzo extra. Recuérdale que la primera responsabilidad que tiene en esta vida es sentirse vivo y útil desarrollando sus talentos, que deje a un lado esas emociones negativas y vaya tras el éxito. Pues, en primer lugar tiene que escucharse y respetarse, y reconocer las motivaciones que emanan de su interior y dejarse conducir por ellas, sus principios y las leyes.

5. *Proponle que lleve una agenda diaria* donde anote sus deberes del día, con horarios y por orden de prioridades, esto permitirá efectividad, responsabilidad y buen manejo de su tiempo. Su agenda diaria registrará también una o dos horas de actividades que le permitan desarrollar su creatividad, nada de rutinas, ni video juegos o televisión ya que estos últimos tres elementos son enemigos de ella. La creatividad es importante en el presente y futuro de tu hijo, por lo tanto, tú, padre, estás llamado a permitir que

él pueda desarrollarla libremente y motivarlo para que lo haga, sin actitudes sobreprotectoras o perfeccionistas. Solo déjalo ser, y que lo sea de manera responsable.

HABILIDADES QUE NOS CONECTAN CON EL ÉXITO

El pensar y el saber ignorar

El pensamiento es creador y es capaz de engendrar emociones, sentimientos y metas con los que se establecen lazos que nos van mantener atados al pasado, presente y futuro.

Los hechos son realidades que no pueden ser modificables y de acuerdo al momento en que sean analizados, pueden formar parte del pasado o del presente de tu hijo, pero jamás de su futuro. Sin embargo, a través del pensamiento se pueden crear emociones y nuevas ideas.

Cuando una persona entra en contacto con un estímulo, este último generará sensaciones que alteran su estado anímico en forma agradable o desagradable. Estas sensaciones pueden ser intensas y pasajeras, y hacer que se reaccione de forma instintiva y reactiva, es decir, de causa-efecto.

Las sensaciones agradables que se activan en un presente y no han sido procesadas aún por el pensamiento se denominan emociones (alegría, felicidad, satisfacción plena, etc.). Cuando el cerebro las procesa y forman parte del pasado generarán sentimientos (amor, ternura). En los casos en que se procesan vinculadas al futuro se transforman en deseos o aspiraciones (esperanza), es decir, se está ante la presencia de metas u objetivos.

La bendición más grande que Dios otorgó a tu hijo fue el poder de pensar, de saber discernir y elegir. Estas facultades lo hacen un ser único que puede reconocer su proyecto de vida y crear su destino, porque a través del pensamiento desarrollará la habilidad de engendrar nuevas ideas y con ellas nuevos escenarios. Si orienta estas imágenes tras la búsqueda de la luz que existe en su interior, la alimenta y la hace brillar, vivirá en contacto con la prosperidad, pero si decide dirigir su tiempo y energía a buscar la oscuridad y alimentar sus temores, asfixiará sus talentos y vivirá preso de sus frustraciones.

Si tu hijo decide dejarse atrapar por la oscuridad y dedicar todo su tiempo y energía a desarrollar pensamientos incómodos sobre sus experiencias generará, cada vez que lo haga, sensaciones destructivas para él y para su entorno. En su presente, rabia, violencia, o autoagresión; para su pasado, el rencor y la ira; y en un futuro, la necesidad o deseo de venganza.

Hazle saber a tu hijo que él no puede cambiar los hechos, y que la decisión de tomar estos como una experiencia de vida gratificante o destructiva solo dependerá de él. Cultiva en tu hijo el concepto que los hechos nunca serán 100% gratificantes ni 100% destructivos. El secreto reside en qué actitud va a asumir él ante estos hechos, dónde va a colocar su mirada y sus pensamientos para darles fuerzas, y dónde y cómo va a ignorarlos para bloquearlos.

Al colocar tu hijo su lupa y *amplificar cualquier estímulo que le sea gratificante*, por más pequeño que este parezca, su pensamiento lo puede agigantar, mantenerlo vivo y utilizarlo, para aumentar las energías positivas en su mundo interior. Si con autodisciplina –"cero excusas"– *decide ignorar* cualquier estímulo poco gratificante para él o su entorno, es decir, asume la actitud de no dedicar a ese hecho tiempo y espacio en su mente, hará que ese pensamiento se minimice y luego desaparezca.

Haz comprender a tu hijo que en todo aquello donde coloque su atención, lo estará tomando, alimentando y haciéndolo crecer; mientras que todo lo que para él no existe o ha perdido fue porque decidió no prestarle atención ignorándolo, y esa decisión pudo ser consciente o inconsciente. La mayoría de las reacciones son respuestas rápidas ante los estímulos imprevistos, por lo cual van a estar mediadas por sus hábitos. Si su decisión es ser feliz debe desarrollar, con autodisciplina, el hábito de apegarse siempre a los estímulos que sean positivos para él y su entorno, en tiempo pasado, presente y futuro.

Convénselo de que su éxito y felicidad, en gran medida, dependen de dos variables. En primer lugar, del dominio positivo que él posea sobre sus pensamientos, que en cada momento los canalice para imaginarse desarrollando sus habilidades, alcanzando sus objetivos y disfrutándolos, encontrando solución a los obstáculos, con la finalidad de crear en su interior, imágenes y emociones agradables y productivas. Y la otra, la habilidad que desarrolle para saber sintonizar solo con los momentos o circunstancias que le permitan desarrollar sus potencialidades y sentir bienestar personal y colectivo, ignorando el resto.

Si tu hijo decide buscar, observar y amplificar los estímulos gratificantes hasta en los momentos más difíciles de su vida, él estará asumiendo la actitud de vivir en la realidad, pero en positivo, transformando la media oscuridad en claridad total, pues decidió con fe y esperanza buscar y sacar provecho de las vivencias positivas que Dios y la vida tienen destinadas para él en cada escenario que le corresponda vivir.

El reafirmar las ideas y dirigir los pensamientos

"Los pensamientos impulsan la acción"

Los pensamientos son energías internas y creadoras, que tienen el poder de engendrar nuevos escenarios dentro de los seres humanos, y es a través de ellos, que se crean nuevas emociones que impulsarán conductas, por lo tanto deben ser administrados con responsabilidad, sintonizando solo con aquellos que permitan el crecimiento en forma positiva y con consciencia colectiva.

La mayoría de los pensamientos de tu hijo son inicialmente guiados por él mismo, como respuesta a un estímulo y se desencadenan en el momento que él decide prestar atención a una situación determinada, de allí a que si quiere ser una persona feliz y prospera, debe escoger ideas y pensamientos que lo encaminen a este fin, es decir, ubicar imágenes que transmitan satisfacción y sosiego a la hora de disfrutar lo que es y lo que tiene, o energía positiva como fe y esperanza a la hora de enfrentar sus desafíos.

Cuando tu hijo adopta la actitud de colocar su lupa en un hecho, está encaminando su mente a alimentar pensamientos alrededor de ese objetivo y lo puede lograr a través de una conducta inteligente, tratando de comprender los hechos tal cuales son y analizando la manera de aprovecharlos en forma de ganancia recíproca, o en su defecto, manteniendo una disposición reactiva como sería la de juzgarlos, y en ese momento anula la posibilidad de experimentar una vivencia positiva. Después que tu hijo estimula la producción de pensamientos y estos se disparan, pueden tomar vida propia. Y si él pierde el poder de controlarlos (falla en el autocontrol), ellos crearán sus propios escenarios y comenzarán a impulsar y guiar las acciones de tu hijo.

Existen en tu hijo algunos pensamientos que no son mediados por su mundo exterior, si no que buscan aflorar en él desde lo más íntimo de su ser y en forma repentina, como una estrella fugaz y su expresión sería, "me llegó una idea". Enseña a tu hijo a que cuando una idea llegue a él en forma repentina, tiene el deber de administrarla en forma correcta para extraer su máximo rendimiento, por lo tanto, debe habituarse a que, aunque en ese momento parezca tonta y alocada, debe registrarla o anotarla cuando aún en su mente luzca brillante, porque si no la atrapa en ese momento, ella simplemente seguirá su camino hasta conseguir quien logre tomarla y hacerla realidad.

Nunca he visto a alguien arrepentido por haber escrito una idea que le parecía tonta o alocada, pero sí he escuchado de muchos que tuvieron oportunidades brillantes y las dejaron pasar por no haberse detenido a analizarlas porque les parecían tontas. Existe una palabra mágica que se llama agenda, ella permitirá a tu hijo anotar la idea en el momento que llega y organizarla, en el espacio y tiempo que corresponda para poder ser analizada.

Cuando tu hijo ha anotado una idea en una agenda y la lee de nuevo, impulsa su pensamiento hacia ella y la amplifica, esto permite crear nuevos escenarios, con los cuales él podrá captar el tesoro que esa idea llevaba consigo.

Enseña a tu hijo el poder que otorga el llevar su día a día en una agenda, lo ayudará a organizar sus ideas de acuerdo a sus prioridades, en objetivos a corto plazo (mañana), mediano plazo (meses) y largo plazo (años). Si tu hijo a sus objetivos de largo plazo, le coloca fecha y luego los subdivide en metas por alcanzar a corto y mediano plazo –con fechas también establecidas– y las incluye en su agenda cotidiana y las respeta con autodisciplina, observará como día a día, esa meta que parecía tan lejana, se acerca cada vez más y más a él. El secreto de llevar exitosamente una agenda es la autodisciplina que tu hijo se aplica, para escribirla, revisarla y cumplirla a plenitud cotidianamente.

El buen tono emocional

La revolución del amor comienza con una sonrisa.
Sonríe cinco veces al día a quien en realidad
no quisieras sonreír. Debes hacerlo por la paz.
Teresa de Calcuta

Te propongo que te detengas un minuto a analizar con tu hijo todo lo que conforma su vida actual y si la percepción que él tiene sobre sí mismo, sus logros y su entorno le crean sensación de bienestar. Refuérzale que eso que está viendo es el fruto de las decisiones cotidianas tomadas y efectuadas por él hasta ahora, porque la dinámica de la vida es sencilla, causa-efecto, y siempre recibirá lo que da y en la misma medida que lo ha hecho.

Si actúa congruentemente con fe, meta fija, disciplina y autocontrol logrará alcanzar todo lo que se proponga, si por lo que lucha es un mandato que viene de su interior sentirá plenitud, y si se esfuerza en ser honesto, respetuoso, generoso y agradecido esto será lo que observará y recibirá de su entorno. Si tu hijo no se siente identificado o feliz con lo que es o tiene, lo primero que debes hacer es instruirlo en que su felicidad depende solo de él y no de la actitud de sus padres, hermanos, amigos etc.

Enséñale algo muy elemental: la única forma de cambiar lo que le desagrada, incomoda, frustra o considera que roba su felicidad es modificar la actitud cotidiana, su forma de ver y analizar su mundo interno y externo. Debe educarse en concentrar todos sus pensamientos, tiempo y energías en encontrar y convivir con lo especialmente positivo de sí mismo y de su entorno, vale decir, que su vida la dedique a observa todo aquello donde perciba armonía, alegría o que lo motive a desarrollar sus talentos, su generosidad y su gratitud, esto significa, vivir en contacto con la luz, con Dios, ignorando la oscuridad.

Entrena a tu hijo en sacar provecho de cada vivencia en forma inteligente –ganancia recíproca–, que desarrolle la habilidad de observar tratando de comprender y resolver, enfocando sus pensamientos en buscar soluciones y no en juzgar o castigar, que aprenda a manejar sus emociones, su lenguaje visual, corporal y verbal en forma congruente con sus metas, y en donde se encuentre, se detenga en el lugar de los que resuelven los conflictos alejándose de aquellos que los multiplican. Que haga respetar su espacio con armonía y autoridad moral, al mantener sus puntos de vista con argumentos y no con imposición, pataletas, llanto o violencia, y reconociendo el espacio de todo aquello que conforme su entorno, respondiendo siempre con claridad y firmeza pero en forma respetuosa y con tolerancia.

Haz que visualice cuales son sus carencias reales y sus deseos, que sepa diferenciar entre necesidad (aquello que es indispensable para su subsistencia o para lograr desarrollar sus talentos) y capricho (un deseo por alcanzar pero que no es vital, y puede esperar el momento oportuno para hacerlo realidad) y con esto establecer en forma realista y equilibrada sus prioridades.

Habitúalo a:

1. *Ser responsable y ordenado con su espacio físico, aceptar y respetar los límites y normas.* Esto permitirá mantener mentalmente organizadas sus

ideas y actividades cotidianas, e impedirá el déficit de atención, depresión y rebeldía.

2. *Identificar lo que quiere y le gusta,* lo que le es indiferente y lo que le crea aversión, que sepa analizarlo y diferenciarlo, porque esto ayudará a dar sentido a su personalidad al lograr reconocer y dar importancia a lo que realmente sea de su interés para mantener su bienestar e ignorar el resto, y permitirá reconocerse, respetarse y manejar adecuadamente los conflictos.

3. *Conocer sus deberes y aprenda a cumplirlos con responsabilidad y defender sus derechos con argumentos* y sin agresividad, lo cual le permitirá tomar decisiones asertivas.

4. *Llevar una agenda diaria* y cumplir con sus ofrecimientos y responsabilidades, esto le dará responsabilidad y tener la sensación de plenitud y libertad.

5. *Asumir que los horarios deben ser respetados con exactitud,* le enseñará que el tiempo es un recurso no renovable y es su mejor aliado si sabe administrarlo en forma adecuada. Atendiendo los horarios pautados está respetando su tiempo y el de las otras personas involucradas.

6. *Aceptar la responsabilidad que tiene consigo mismo y de descubrir sus talentos y desarrollarlos* en forma responsable y con motivación, disfrutando cada esfuerzo, buscando la excelencia y el bienestar propio y colectivo. Esto dará sentido a su vida, vida que portará al mundo de la prosperidad, felicidad y del éxito.

7. *Escuchar en forma atenta y respetuosa a sus interlocutores* y que cuando hable lo haga en forma positiva, clara, precisa, congruente y con un tono de voz que demuestre respeto y firmeza.

Tu hijo para ser feliz no necesita de personas, vivencias, cosas o lugares especiales. Enséñale que la felicidad es una decisión personal que emana de su interior cuando acepta y disfruta lo mejor de sí mismo, de su entorno y del momento que está viviendo. Sus familiares y amigos más queridos son aquellos que él decide aceptar y amar como son, y el mejor lugar para vivir es aquel donde él puede encontrarse con sus talentos y desarrollarlos.

Indúcelo a reconocer y expresar cotidianamente sus emociones y sentimientos en forma sencilla y segura, aclarando toda duda que lo perturbe, sacando afuera todas las energías nocivas, ya que esos espacios debe utilizarlos para su bienestar. Recuérdale que su prioridad es mantener la armonía que debe existir en su interior y luego con su entorno y esto solo puede conseguirlo si él actúa en forma transparente, positiva y asertiva.

Adiéstralo a desarrollar el hábito de analizar los conflictos apegado solamente a la raíz del mismo, es decir, enfocándose y aceptando solo ideas relacionadas con el hecho en sí y las posibles soluciones. Que invierta energía y tiempo en tratar de comprenderlo y resolverlo e ignorando a las personas involucradas, juicios o lamentos, pues, estos hacen que se parcialice y pierda el contacto con la realidad, lo que entorpece el actuar eficazmente al crear otros problemas satélites. Que visualice las trabas y las potenciales salidas, enséñale que el secreto consiste en ignorar quienes lo hizo y por que y concentrarse en que paso, que vamos a hacer, para que y como.

Mantén en tu hogar el hábito de una alimentación sana, libre de gluten, azúcares y conservantes.

Acostúmbralo a dormir en la noche de seis a ocho horas e indúcelo a practicar deportes que requieran gran esfuerzo físico (béisbol, fútbol, baloncesto, natación, atletismo, etc.).

Fija en tu hogar normas de convivencia precisas y actúa con disciplina y autoridad moral a la hora de hacerlas cumplir. Deja muy claro, que si algunas de ellas le causan frustraciones y él decide asumir una actitud donde manifieste mal manejo de su ira (pataletas, gritos etc.), los padres lo ignorarán hasta que logre autocontrolarse. Solo así ustedes prestarán toda la atención que él se merece porque estará en capacidad de compartir en forma civilizada.

Día a día enséñalo a establecer metas por orden de prioridades en su agenda, revisarla diariamente antes de dormir y si los objetivos planteados para ese día los obtuvo en su totalidad, felicitarse a sí mismo por sus éxitos, luego escribir sus metas para el día siguiente. Al despertar dar gracias a Dios por su existencia, repasar su agenda, levantarse y entrar de nuevo en acción apegado a los objetivos y horarios previamente establecidos.

Entrénalo a ser disciplinado y ordenado, que todo lo que inicie tiene que terminarlo, y si considera que ha concluido con su labor, colocar todo de nuevo en su lugar. La técnica para ser ordenado es simple y consiste en practicar –una vez que haya alcanzado su objetivo– con autodisciplina un solo hábito: todo lo que tome, disfrute o utilice debe ser regresado inmediatamente a su lugar y en buenas condiciones cuando concluya.

Edúcalo a ver la vida con amor y hacer brillar lo mejor que existe dentro y fuera de él, que esté pendiente de observar constantemente y sacar provecho en forma de ganancia recíproca de todo lo positivo que hay en él, las personas y las circunstancias.

Coméntale que a la hora de elegir sus amistades, estas deben ser personas que le permitan mantener la autoestima alta, desarrollar los talentos en forma recíproca, donde todos se sientan aceptados, cómodos y respetados, y que puedan compartir en forma civilizada siempre apegados a sus principios y a las leyes.

Guíalo a reconocer y manejar adecuadamente sus emociones, que comprenda que si él logra aprovechar sus emociones, como fuente de energía para lograr sus propósitos, tiene asegurado el control de su existencia y con ello el disfrute de sus acciones, la prosperidad y el éxito. Cuando enseñas a tu hijo a reconocer y orientar sus emociones, lo estás canalizando a manejarse en la vida con honestidad, autocontrol, responsabilidad, armonía y firmeza. Al inculcar valores y normas de convivencia le estás colocando un chaleco salvavidas, para que pueda nadar con seguridad en las tormentosas aguas de su adolescencia. Si lo instruyes a llevar una agenda con sus sueños transformados en metas y fecha para lograrlos estás impulsándolo a lanzar el ancla que le ayudará a traspasar las puertas de la solidez económica, independencia y prosperidad.

¡Tú eres su guía y te corresponde iluminarle el camino!

El manejo de los conflictos

Los conflictos existen cuando hay enfrentamientos entre dos o más ideas. Todas estas ideas poseen atributos que suministran bienestar personal o colectivo a los involucrados, pero las condiciones en que pueden desarrollarse cada una de ellas son muy diferentes y las hacen opuestas entre sí, por ello no pueden aplicarse al unísono y crean división y competencia. El hecho de ansiar obtenerlas todas al mismo tiempo y se tenga que decidir por alguna crea en los involucrados sensación de ansiedad e inseguridad, que pueden conllevar a emociones nocivas y sin límites.

En una sociedad donde existen tantos individuos como creencias diversas, las únicas herramientas de vida que puedes inculcar a tu hijo, para que sus emociones no se vean afectadas cotidianamente por su entorno, es enseñarlo a observar la vida y a actuar con tolerancia, respeto y sobre todo con espíritu de cooperación. Lo ideal es entrenar a tu hijo en reconocer la forma como los conflictos pueden presentarse y qué debe hacer para identificarlos, afrontarlos y resolverlos en forma rápida y efectiva.

Observa estas realidades supuestas, o bien, verificables:

El conflicto de intereses. Ocurre cuando hay dos o más necesidades por satisfacer o impulsos por complacer. Todos son importantes para tu hijo y todos pueden lograr ser satisfechos pero por separado y no todos al mismo momento. Por tanto, solo puede elegir uno de ellos. Por ejemplo, el día de su cumpleaños él debe elegir su regalo y para hacerlo decidir entre dos juguetes que le gustan mucho y que tienen más o menos el mismo precio. Tú, con autodisciplina, hazle entender que solo hay dinero para comprar uno de ellos. Di a tu hijo que cuando se presente la ocasión de elegir entre dos opciones donde ambas son muy gratificantes, no dedique energía ni tiempo en analizar cual de ellas lo puede satisfacer más o menos puesto que ambas son importantes y esto aumentará su ansiedad. Lo más inteligente es dedicar su tiempo y energía en evaluar cuáles son las desventajas que le traen cada una de ellas y debiera elegir aquella que sea menos perjudicial.

Existencia de dos o más problemas que evitar. Todos tienen los mismos efectos desagradables, pero debe decidirse por uno de ellos. Veamos. Pedro, ante un mal manejo de su ira, lanzó un vaso y lo destruyó. Como consecuencia de su actitud, primero debe recoger y limpiar todo, y también reponer el vaso, por eso tendrá dos opciones: ayudar en el hogar con trabajo extra o sacar dinero de su alcancía para comprarlo. Ambas situaciones servirían para reponerlo. Habla a tu hijo sobre la posibilidad –de presentarse la ocasión– de elegir entre dos opciones desagradables para él. Y lo inteligente es concentrar sus pensamientos en evaluar las virtudes que puede acarrear cada una de estas opciones y elegir la que más le conviene.

Intereses por complacer pero consecuencias que asumir. Destaca en tu hijo su inteligencia y el ser una persona exitosa. Siendo así, siempre debe estar preparado para arriesgarse a tomar muchas decisiones en el transcurso de su vida, las que van a traer consigo múltiples consecuencias, algunas agradables y otras desagradables. Y su inteligencia, en estos casos, va a estar mediada por su capacidad de evaluar previamente el grado de daño que cada una de ellas pueda producir tanto a él como su entorno. Ínstalo a salir de su zona de comodidad, a no tener miedo ni pereza cuando las complicaciones de sus decisiones no causen un daño real, los riesgos se asumen con responsabilidad y se aprovechan para seguir creciendo. Tiene que concientizar que existen límites que debe reconocer y siempre respetar y, si la decisión que piensa tomar va en contra de sus principios o las leyes, en este caso, saber que esto puede causar un daño real. Entonces, es la hora de mostrar su valentía y firmeza al no permitir que sus emociones se apoderen de él. Si está pisando este terreno no rendirse ante ellas y evitar que lo manejen; hacer caso omiso al qué dirán o al brillo atractivo que pueda estar irradiando una experiencia; que trabaje siempre apegado a su consciencia y a las leyes; y, que con responsabilidad se desenganche de esa meta y con generosidad y dignidad la deje ir. Y es de valiente dejarlas ir, por eso debe soltar ese objetivo y sentirá, más pronto de lo que él se imagina, como Dios y la vida lo premiarán por su actitud.

Los conflictos se pueden presentar vinculados a lo social o al ámbito individual. En el primero de los casos, en los involucrados hay división y competencia, y no existe consciencia colectiva, ni espíritu de tolerancia, respeto y cooperación. En el segundo, ocurre cuando dos objetivos están bien claros, para el que los concibe pero sus dinámicas son incompatibles, o en todo caso, cuando hay incongruencias porque no se está claro en lo que se quiere, para que se quiere, que se va a hacer para lograrlo, cuales son las consecuencias que deben asumirse y que se va a hacer cuando se obtengan. Enséñale a tu hijo que la única forma para que un conflicto se resuelva es enfrentándolo con responsabilidad y congruencia, buscando soluciones con ganancias recíprocas, donde negociar significa soltar las soluciones que ambas partes por separado consideran ideales y cambiarlas por otras más realistas, donde entrambos se sientan identificados, lo cual les permitirá integrarse y cooperar para hacerlas realidad.

Para sentir armonía primero tienes que sintonizar con ella, aquí te dejo unos ejemplos:

1. Cuando tu hijo domina la habilidad de organizar sus emociones, sueños o necesidades en forma de ideas y expresarlas en el momento adecuado, de modo respetuoso y con tolerancia, buscando de esta forma que sus receptores lo escuchen, comprendan y respondan en forma apropiada, lo más seguro es que tu hijo conviva en un ambiente de cordialidad, porque hay congruencia entre lo que él espera de los demás y la forma como él actúa al comunicarse con ellos. Cuando las personas desean aceptación, tolerancia y respeto, lo primero que deben hacer es actuar en sintonía con estos valores.

2. Si tu hijo decide alcanzar una meta y tiene una idea bien establecida de lo que quiere, para que lo quiere, cómo va a disfrutarlo después que lo obtenga, que va hacer para lograrlo, cantidad de tiempo, esfuerzo y dinero que va a invertir, ventajas y desventajas que va asumir, y su actitud es de tomarla con responsabilidad y luchar por ella hasta lograr su objetivo, lo más seguro es que tu hijo consiga el éxito, porque existe congruencia entre lo que aspira, la logística

que está empleando y la firmeza en su actitud,
lo que supone estar en armonía con una personalidad exitosa porque él decidió sintonizar con
las soluciones y no con las causas del conflicto.

3. Si tiene el compromiso de entregar un trabajo
   en un tiempo estipulado y él analiza el tiempo
   que dispone para realizarlo y lo administra de
   acuerdo a su agenda, lo más seguro es que el
   resultado final sea excelente, porque hay congruencia entre lo que tu hijo desea y lo que
   hace para lograrlo.

4. En el caso de que tu hijo para poder ser feliz
   tome la decisión de ignorar los estímulos desagradables y grabar todas aquellas vivencias
   que le producen bienestar, lo estimulan a desarrollar sus talentos, a sentir alegría o armonía,
   logrará su objetivo porque existe congruencia
   entre lo que él quiere y lo que está haciendo
   para obtenerlo, por lo tanto él está sintonizado
   con la actitud de una persona feliz.

El control de las frustraciones

Frustración es la respuesta emotiva ante el fracaso. Es la energía que se acumula cuando existe una fricción entre el brío que tu hijo desarrolla para alcanzar un deseo y la incapacidad de lograrlo a su medida y en forma inmediata. Esto crea una gran tensión dentro de él y esta energía acumulada, y si no es manejada en forma adecuada se desborda y es liberada a través de la agresividad, ansiedad, miedo, angustia o deseo de venganza.

Lo ideal es que tu hijo –para su bienestar y el de su entorno– pueda manejar herramientas sociales que le permitan liberar en forma adecuada esa energía, y luego cuando ya esté controlado, se concentre en analizar la raíz del problema y encontrar soluciones que reporten ganancias recíprocas. El estar claro en la nueva logística a seguir para alcanzar su objetivo será el único tratamiento que podrá anular su angustia y brindar seguridad y tranquilidad.

Existen muchas vías a través de las cuales tu hijo puede liberar apropiadamente la tensión emocional: llorando el tiempo que sea necesario hasta que logre sentir paz y tranquilidad en su interior, respirando profundo hasta que sienta su cuerpo relajado y sus pensamientos controlados, hablar con alguien de confianza o con una mascota que pueda escucharlo sin interrumpirlo hasta que él sienta que drenó toda su angustia, vaciar toda esa energía acumulada en su interior a través de un papel y un lápiz (escribiéndolas hasta que sienta que traspaso a ese papel toda su carga emotiva), ejercitándose, trotando, cantando, bailando. Lo importante es drenar las cargas inquietantes y retomar con firmeza el control de sus pensamientos y emociones. La frustración en mayor o menor intensidad forma parte de la vida cotidiana del ser humano, y es tu deber como padre enseñar a tu hijo desde sus primeros días de vida, a identificarla y convivir con ella en forma positiva, manejándola a su favor, es decir, controlándola.

¿Cómo disminuir la presencia de frustraciones en el día a día de los hijos?

Vivir con fe y esperanza pero siempre apegado a la realidad. Para ello tiene que estar consciente de su derecho a soñar y su deber de luchar por sus sueños. Sin embargo, a la hora de desarrollar la logística de lo que tiene que hacer para lograrlo, debe cuantificar el esfuerzo personal, intelectual, económico y temporal que debe invertir en ese propósito. En tal sentido, habrá de fijar las bases en lo que él realmente posee y tener claro de que las bases de un proyecto no pueden descansar en la suerte o en factores externos, apoyo de familiares, amigos, etc. Porque estas condiciones están fuera de su radio de acción y pueden fallarle, y en ese caso su proyecto se derrumbará. Las bases firmes solo están en él y en el momento presente, con lo que cuenta y cuanto está dispuesto él a invertir en ese proyecto con constancia y firmeza hasta lograrlo.

Estar consciente de que solo él tiene poder de manejar sus decisiones. Su vida, como la de los otros seres con los cuales convive, tiene que ser manejada según sus propias convicciones, por lo tanto, él puede intentar venderles una idea para ver si ellos la toman, pero jamás imponerla o dar por hecho que ellos la van a asumir.

Comprender que un milagro no consiste en que los obstáculos se aparten del camino, sino que antes de actuar se tenga claridad mental para visualizar lo qué y para qué se quiere y cómo se va a llegar allí. El milagro es saber actuar en el momento oportuno, en forma justa, con sabiduría y fe, comprendiendo la raíz del problema y resolviendo con una actitud inteligente, valiente y firme, sintonizado con el éxito y el agradecimiento, esta es la llave mágica que abrirá todos los caminos. La mano que guíe esta llave debe ser la de tu hijo, quien marcará su punto de salida y de llegada, con fe y esperanza se dejará guiar por su consciencia colectiva y su lógica en sintonía con lo mejor de su naturaleza

Intuir y agradecer los milagros que se manifiestan en diversas formas. Se requiere de él preparación para poder captarlos, ellos están presentes en la luz interior que le permite, repentinamente, visualizar una idea. Con fe y responsabilidad debe tomarla y convertirla en una meta, con su sabiduría desarrollar una logística contando tan solo con sus talentos, esfuerzos y constancia.

Saber diferenciar las carencias que se pueden presentar para establecer su orden de prioridades. Tu hijo desarrollará habilidades para diferenciar necesidades y deseos. Las necesidades son la ausencia de algo que compromete la estabilidad física –alimentación sana, hogar, deportes, medicamentos–, síquica –autoestima alta, familia, amor, respeto– y los talentos –estudio o trabajo, desarrollo de habilidades artísticas, lingüísticas o deportivas– por lo tanto deben ser resueltas con prontitud. Los deseos son aspiraciones que permiten conectarse con emociones gratificantes pero que pueden esperar el momento oportuno para hacerse realidad, sin que esto comprometa tu existencia –un buen carro, una buena casa, un buen viaje, etc.–.

Paciencia para lograr la excelencia mientras trabaja por su meta y saber esperar el momento adecuado para recibir respuesta por su esfuerzo. Tu hijo debe comprender que normalmente se obtienen mejores gratificaciones cuando es mayor el tiempo, concentración, esfuerzo físico o mental y paciencia invertida para obtener su objetivo.

La frustración por sí sola no es buena ni mala, lo importante es la actitud que se asume frente a ella. Tu hijo puede convertir la frustración en su gran aliada si llega a comprender que ella está allí para indicarle que el sendero por el cual pretendía alcanzar su objetivo es incorrecto. Si decide actuar inteligentemente, con paciencia, autocontrol y sin apegos, va a observar que en ella encontrará la fuerza y claridad mental que le permitirá inmediatamente reformular la logística a seguir.

Ante una situación de alto nivel de presión o frustración, lo ideal es detenerse, respirar profundo y concentrarse con honestidad en analizar la realidad. Al tomar la decisión de concentrarse en analizar las cartas que tiene en sus manos, tu hijo encontrará en ellas sus oportunidades, así estará colocando bases confiables donde se apoyará para reafirmarse y superar los obstáculos con seguridad y bajará su nivel de presión.

Alejarse de los apegos que no dejan crecer. Empecinarse en algo que se piensa debe ser, esperando solo beneficios personales y limitándose a analizar las opciones con las cuales no se cuenta en ese momento, o en su defecto, evaluando solo lo negativo de su realidad presente y buscando culpables, es convivir con la frustración. Si tu hijo adopta esa conducta hace más grande la frustración al entorpecer su capacidad de sintonizar con el éxito.

Evitar tener el foco en las experiencias negativas vividas. Al colocar la lupa en todas las consecuencias negativas que un obstáculo trae consigo, o compararlas con experiencias traumáticas anteriores, se entrega el poder a ellas, las hace más voluminosa y se verán más grave de lo que realmente son. Si esa es la conducta que decide asumir tu hijo, sentirá que no va a poder con ellas, que va a morir de angustia o que el dolor es tan insoportable que va a acabar con él quedando atado al mundo de la oscuridad. En ese espacio interior lúgubre convivirá con la angustia, el miedo, la intolerancia, la depresión, la histeria, la impulsividad, la necesidad de venganza, buscando culpables y responsables y lo que es peor aún, incapacitado para superar el obstáculo. Todo ello lo llevará a mantener un alto grado de tensión, que solo puede liberar cuando responda en forma destructiva o compulsiva ante ese estímulo.

El problema comienza cuando tu hijo tiene una meta fija y quiere alcanzarla rápidamente y con poco esfuerzo (gratificación inmediata) sin tener las herramientas para hacerlo, es decir, ausencia de preparación, autocontrol, constancia y paciencia, que son habilidades que le permitirán desafiar los obstáculos, superarlos y esperar el momento más oportuno para recibir en forma justa los beneficios de sus esfuerzos. Cuando tu hijo desarrolla el hábito de la gratificación inmediata, actuará sin importarle todo lo que tenga que sacrificar o dañar con tal de lograr su objetivo prontamente, tomando en cuenta solo sus deseos sin detenerse a medir las consecuencias negativas que, con su actitud, se causará o al entorno. Por ende será intolerante ante la demora, ante respuestas no esperadas y actuará en forma reactiva, impulsiva, compulsiva, agresiva y sin autocontrol.

Observa y analiza lo que podría pasar si tu hijo desde su infancia…

No aprende que obstáculo es igual a solución con ganancia recíproca. Su actitud denotaría incapacidad para desarrollar conciencia colectiva, y ante una situación incómoda solo va a pensar en él y en como hacer para alcanzar su objetivo en forma rápida, sin importarle las consecuencias que sus acciones puedan causar, principalmente, a su familia y en su entorno.

Crece en un hogar donde oye cotidianamente comentarios críticos negativos sobre personas. Se habituará a ver siempre lo negativo de sí mismo y del mundo que lo rodea, sintonizará con la oscuridad, con terror y pesimismo enfrentará los obstáculos.

Es intolerante, impaciente, no controla sus impulsos negativos, no afronta con asertividad los obstáculos ni asume con responsabilidad las consecuencias de sus actos. Tendrá dificultades a la hora de tener que solventar los inconvenientes o aceptar que sus deseos no fueron satisfechos tal y cual lo esperaba, de allí a que deba aprender a tener constancia, resiliencia, paciencia y autocontrol. Si tu hijo no tiene paciencia, le parecerá intolerable que las cosas no se den de forma fácil y rápida, y al no poder diferenciar entre sus necesidades y deseos, sus respuestas se harán reactivas sin medir las consecuencias de sus actos, porque para él deseo es igual a necesidad y no sabrá diferenciarlos y, por lo tanto, verá los obstáculos no como una oportunidad de vida sino como un problema. Esta forma de captar la vida y responder ante ella sin autocontrol, paciencia, equidad ni orden de prioridades, va a ser el sustrato para que él se sumerja en todas las patologías relacionadas con la dificultad para controlar sus impulsos, como son las ludopatía, dependencias, cleptomanía, piromanía, compras compulsivas, etc.

Exige la presencia de otros para resolver sus problemas. Si no está acostumbrado a superar las dificultades por sí solo, es muy difícil que desarrolle una logística de como enfrentar una limitante, buscar soluciones, superar las frustraciones y los obstáculos en forma exitosa. El sentirse incapacitado para manejar sus dificultades hará que ante una situación incómoda, tu hijo observe los hechos más grave de lo que realmente son y se cargue de mucha tensión, la cual intentará liberar llamando la atención. Esto lo logrará a través del escándalo, la agresividad o creando otros problemas para luego hacer el papel de víctima y con ello conseguir su objetivo. También pudiera buscar huir de la realidad en forma irresponsable bloqueando todo tipo de pensamiento relacionado con el tema, empleando para ello actividades o sustancias que dan sensaciones placenteras inmediatas o actuando con conductas compulsivas a través de las adicciones.

¿Cómo educar a tu hijo en el manejo de las frustraciones?

Nunca corras hacia tu hijo apenas demande tu presencia. Respira, relájate y observa. Si tu hijo no tiene una verdadera urgencia como el cambio de pañal, la hora de comer o padece malestares como vómitos, congestión o traumatismos, o que está expuesto a algo que pueda lesionar su salud física o mental, etc., comunícale que primero vas a finalizar lo que estás haciendo y luego podrás ayudarlo, pero mientras tanto, sugiérele tratar de resolver el obstáculo por sí mismo. Motívalo comentando que es muy inteligente y que estás seguro de que él puede hacerlo. Enséñale autocontrol, autodisciplina y de la existencia de límites.

Las normas no deben negociarse. Si él quiere que adelantes el horario de comer, explícale que los horarios se respetan, que debe relajarse y saber espera. En caso de reaccionar con llanto, deja que lo haga y el tiempo que él decida tomarse para ello, luego enséñalo a respirar profundo, relajarse y pensar en soluciones.

Evita complacerlo en todas sus exigencias y deseos. Cuando tu hijo te pida algo que económicamente puedas darle, lo primero que debes hacer es interrogarlo: para qué sirve, cómo lo va a utilizar, qué beneficios conlleva, y qué va hacer para ganárselo. Luego, ambos desarrollarán la logística a seguir, cuál es su esfuerzo, cuál es el apoyo que le brindarás y en qué momento podrás otorgárselo. Actuarás con disciplina y autoridad moral. Apenas él logre culminar lo acordado, tú inmediatamente debes cumplir, nunca adelantar ni diferir lo convenido, esto hará que con tu actitud ganes la confianza de tu hijo. En el caso contrario, si solicita algo que económicamente no está a tu alcance, inmediatamente y con honestidad describe la realidad: que tú estás consciente de que él se merece eso y mucho más porque es muy inteligente, es responsable, es un gran hijo y ustedes lo quieren mucho. Pero lamentablemente en el hogar hay otras prioridades que atender y el sueldo de papi y mami se debe utilizar para cubrir esas necesidades. Comenta la alegría que te causa el hecho de que tenga esas ambiciones, porque ellas le darán el empuje que necesita para estudiar mucho y prepararse como un profesional exitoso y responsable, lo cual le permitirá ser una persona muy útil y productiva, y con ello podrá complacer todos sus sueños.

El no darle continuamente todo lo que tu hijo te pide en el momento en que lo hace, ni de la forma que lo desea, le permitirá determinar su orden de prioridades y desarrollar paciencia, tolerancia, equidad y autocontrol desde sus primeros días de vida.

Enséñale responsabilidad en las acciones asumidas. Dile que es el único responsable de sus acciones y que, después que ejecute cualquiera de ellas, tiene que asumir por sí solo la totalidad sus consecuencias.

Por lo tanto, lo inteligente es que antes de actuar primero tiene que analizar si está en condiciones de asumir todas las consecuencias que ella trae consigo a corto, mediano y largo plazo. Observar causa-efecto y tener autocontrol.

Indúcelo a actuar con honestidad. Cuando tu hijo apenas comience a contar sus experiencias o vaya a hablar de un acontecimiento indúcelo a relatar con honestidad los hechos tal cual sucedieron, sin emitir opiniones o juicios propios o ajenos y analizar en forma objetiva cuales fueron las consecuencias positivas y negativas que ese hecho trajo para él y su entorno, y que aportaría en caso de requerirse.

Haz que viva en el presente y con objetividad. Si enseñas a tu hijo desde sus primeros años de vida a ver las cosas como son y a atender de manera inmediata sus responsabilidades evitarás que conviva con ansiedad, no pensando en lo que pudo ser ni en lo que va a pasar, sino simplemente concentrado en su realidad, en el aquí y el ahora, pero imaginando donde se quiere ver y que va a ser para llegar allí. Todo ello hará que tu hijo, de pie y con firmeza, vea los hechos tal como son –sin amplificarlos– y pueda tomar decisiones inteligentes y exitosas.

Es importante que tu hijo internalice que no existe ningún tipo de dolor bien sea físico, moral o espiritual, que él no pueda curar con el poder de sus pensamientos, la fe, la ciencia médica y el tiempo.

Ejercicios para el manejo de la frustración:

1. *Establécele los límites y normas de convivencia,* dentro y fuera del hogar, donde él pueda mantener su independencia y su necesidad de conocer, explorar y crear pero sin lesionarse ni lesionar a su entorno.

2. *Practica con él el juego de tensión muscular máxima para todos los músculos de su cuerpo y luego relajación máxima,* mínimo diez repeticiones. Hazlo participar en deportes exigentes tres veces a la semana como mínimo.

3. Si tu hijo se siente muy ofuscado porque no logra conseguir solucionar algunos de sus obstáculos, puedes enseñarle estas técnicas que describimos a continuación, las cuales permitirán manejar mejor su frustración:

3.1. *Formúlale interrogantes* como la siguiente: "Carlos, imagínate que tu amiguito Juan está muy alterado porque se encuentra en tu misma situación, qué consejo le darías".

3.2. *Invítalo a despejarse un poco con un juego, haciendo un deporte, hablando de otro tema con algún amigo o durmiendo, y después, retomar la búsqueda de soluciones.* Anímalo a describir en una hoja en blanco el obstáculo y a anotar cinco posibles soluciones con todas las consecuencias positivas y negativas que cada una de ellas pueda traer consigo. Que seleccione aquella que aunque genere consecuencias negativas, le proporcione muchas satisfacciones para él, y esas consecuencias deben ser asumidas en su totalidad hasta sacar más provecho. Así aprenderá a manejar que lo perfecto no siempre es lo ideal, porque existen otras opciones donde puede ser feliz con pocos riesgos y tal vez con muchos más beneficios.

3.3. *Si el conflicto es grande, oriéntalo a dividirlo en varios pequeños,* a establecer un orden de prioridad e ir solucionando poco a poco y uno a uno.

3.4. *Indícale que cuando la logística que él ha desarrollado para obtener algo o resolver un obstáculo no funcionó, tiene todo el derecho del mundo de sentirse frustrado* y llorar si lo desea, pero lo único que puede aliviar ese dolor es secarse las lágrimas, respirar profundo y utilizar esa energía y agilidad mental para plantearse una nueva estrategia, y así poder seguir luchando hasta conseguir su objetivo.

3.5. *Enséñalo a tomar los hechos no como algo personal, sino como algo que simplemente tenía que suceder.* Si es una actitud inadecuada de otra persona, que comprenda que, lamentablemente, ella no tuvo la oportunidad de ser educada en el manejo adecuado de sus emociones. Es el momento para agradecer a Dios por la instrucción que le están dando sus padres y que obre bien para que con su actitud él pueda ser ejemplo de comportamiento.

3.6. *Adiéstralo a identificar cuales son las conductas que pueden alimentar sus frustraciones para que trate de recanalizarlas:* perfeccionismo, comparaciones, metas que están fuera de su realidad, aspirar a que los demás hagan las cosas exactamente igual a como él las haría, la incongruencia, aceptar como reales las críticas destructivas que emanan de su entorno.

3.7. *Enséñale a comprender que frustrarse es de humanos, dejar de luchar o esforzarse antes de alcanzar la meta es de perdedores y actuar impulsivamente, sin poder controlar el daño que se ocasiona o su entorno, es una conducta poco inteligente,* porque después que drene toda esa ira debe asumir individualmente y por completo las consecuencias de sus actos, es decir más conflictos por superar, pérdida de tiempo y alejarse de su meta.

El desarrollo del autocontrol permitirá a tu hijo manejar en forma adecuada el dolor físico y emocional. Tú, como padre que amas a tu hijo, jamás puedes hacerle entender que sus deseos son órdenes y que tú eres su esclavo. Sus deseos son metas que él tiene que alcanzar con esfuerzo personal y paciencia. Tú eres su guía, su apoyo moral y económico.

4. *Los padres nunca deberían burlarse de sus hijos cuando fallan en sus intentos en resolver los obstáculos, pero tampoco resolvérselos para que no sufran.* Tienen que aprovechar ese momento para enseñarles en forma práctica las palabras constancia, autocontrol, paciencia y meta fija. Esto permitirá que tus hijos desarrollen la capacidad de resiliencia, que aprendan a tolerar y a manejar en forma adecuada las frustraciones y a superar las situaciones traumáticas sin dejar en ellos rencores.

5. *Tu hijo debe aprender a reconocer y expresarse verbalmente cuando se sienta frustrado.* También debe estar claro que él no es responsable de sentir este tipo de emoción, porque esa es una respuesta humana (causa-efecto), pero sí están bajo su responsabilidad todas las consecuencias negativas que puedan generar sus actitudes, cuando no maneje con autocontrol y lógica sus respuestas ante la frustración.

6. *Cuando tu hijo desarrolla buena tolerancia a la frustración, los fracasos serán como nuevos retos para él* y así responderá mejor ante lo inesperado, se adaptará rápidamente a los nuevos

escenarios, vencerá en forma adecuada los impedimentos y tolerará mejor el dolor físico y emocional. Si quieres disfrutar del crecimiento y desarrollo de tu hijo, las palabras mágicas son autocontrol, disciplina, paciencia y amor.

El control de las emociones

*La inteligencia está basada en lo eficiente
que las especies se vuelven al hacer las cosas
que necesitan para sobrevivir.*
Charles Robert Darwin

Según el Diccionario de la Real Academia de la Lengua Española, emoción es "una alteración de ánimo intensa y pasajera, agradable o penosa, que va acompañada de cierta conmoción somática" y según la teoría evolutiva, las emociones son respuestas rápidas y adaptativas que se observan en seres humanos y animales, y que sirven para aumentar la posibilidad de sobrevivencia y reproducción de las diferentes especies.

Cuando tu hijo entra en contacto con un estímulo, este va a generar en él varios tipos de respuesta. Existe una afectiva, brusca y reactiva y de alta intensidad, pero que se desvanece rápidamente, de reacción rápida tipo causa-efecto en la que no interviene el pensamiento y se llama *emoción*. Hay otra, la que es procesada por su cerebro y es un estado afectivo de baja intensidad y persistente en el tiempo que denominamos *sentimiento*. Y en el caso de que la reacción ante el estímulo produzca un estado afectivo de alta intensidad que se prolonga en el tiempo y en el que intervienen también los pensamientos estamos en presencia de la *pasión*.

Las emociones son los impulsos energéticos que los hijos experimentan y los inducen a superar los obstáculos en forma repentina o alcanzar cualquiera meta que se proponga. Los padres tienen la tarea de encaminar a los hijos para que aprendan a reconocer y manejar las emociones, identificar las bondades y defectos de cada una de ellas, expresar verbalmente qué sienten, cómo reconocer el momento en que ellas se están apoderando de su ser, qué hacer para que puedan manejarlas en forma efectiva, extraer de ellas todo el provecho posible para su bienestar y el de su entorno, en otras palabras, enseñarlos a desarrollar la inteligencia emocional.

Dios hizo a tus hijos perfectos y las emociones les fueron dadas para poder sobrevivir, multiplicarse y crear consciencia de su existencia, ellas serán la fuente de energía que necesitan para desarrollar sus talentos. También permitirán identificarse consigo mismos, saber quiénes son, qué les gusta, qué les beneficia y qué no, y así poder conocerse, darse cuenta de que son seres únicos, que no tienen parecidos con nadie ni deben dejarse influir inconscientemente por otros. Las emociones por sí solas no son malas ni buenas, solo hacen entender a tus hijos que están vivos. Todo lo demás dependerá exclusivamente de qué actitudes decidan asumir cuando están en contacto con cada una de ellas, con cuáles se identifican o cuáles ignorar restándoles importancia.

Los pensamientos de tu hijo tienen el poder de crear y él es el único que puede elegir si lo pensado lo va a emplear para fortalecerse y crecer, o por el contrario, lo va a utilizar para destruirse y destruir lo que ha creado. Enseña a tu hijo a elegir cotidianamente los pensamientos que alimenten en forma positiva su autoestima y que le permitan acercarse día a día a sus metas, así como también aquellos que lo estimulan a ser agradecido. Estas miradas lo harán vivir lleno de energía y en armonía consigo mismo y su entorno.

El hecho de que cada emoción tenga su opuesto permitirá que tu hijo identifique y decida cuál

poseer y esto lo motivará a desarrollar una logística para ignorar las que producirían incomodidad
y "vivir" en aquellas que son gratificantes, las que
marcarán el sentido de su existencia y señalarán el
rumbo a seguir.

> Si desde su infancia, enseñas a tu hijo a reconocer sus emociones y manejarlas equilibradamente, le estás entregando la clave para que pueda conducir su vida en forma civilizada, exitosa y próspera. Ello traerá bienestar tanto personal como a su entorno, principalmente a ustedes, sus padres, quienes tienen que compartir con él gran parte de su espacio, tiempo y bienes.

Una forma ideal de aprender es a través del juego y tan pronto como tengas la oportunidad practica el juego de las emociones. Inicialmente, solo los
padres delante del niño y en la medida de su crecimiento, el niño se irá incorporando para participar
en él. Parecerá un juego de niños, pero arroja grandes resultados y cada quien debe asumir un rol. Si

uno es la Felicidad el otro será la Tristeza, o bien la Ira o la Depresión, o en su defecto, el Miedo y la Paz. Dramatizando lo que "están sintiendo", describiendo qué conductas o acontecimientos la desencadenó –que pasó, cuándo y cómo–, e interrogándose: sirve para algo sentir esa emoción, y si se "apersona" qué harás con su presencia, qué sensaciones corporales te generan, eres capaz de reconocerla y aprehenderla para expresarte de ellas, cuáles son las consecuencias de su aparición, dónde has coincidido con ellas, dónde te quieres ver y qué vas a hacer para llegar hasta allí, cómo agradecerás lo que está sucediendo y qué harás desde ese mismo momento para mantenerlas o ignorarla, o quizás superarla. Cuando tu hijo analiza y responde estas preguntas y graba en forma adecuada las situaciones traumáticas vividas en su infancia, estás evitando los comportamientos histéricos que puedan presentarse durante su adolescencia y adultez.

La felicidad

La felicidad es un estado mental de bienestar, prosperidad y plenitud total, pero ser feliz es una actitud que los hijos deciden asumir al sintonizar con lo mejor de cada vivencia, y agradecer a Dios por lo especialmente positivo que existe en su interior, en sus logros y en su entorno. Va a depender de la capacidad que desarrollen para poder observar, aceptar y disfrutar lo positivo de sus talentos, de sus cuerpos, sus emociones, de su familia, sus estudios, satisfacción por el trabajo realizado y de lo bueno del mundo que los rodea. La felicidad van a experimentarla en el juego, en el desarrollo de sus talentos, en la posibilidad de tener metas claras y de luchar por ellas hasta alcanzarlas y luego vivir al máximo sus resultados, en el amor que se tienen y se expresan a sí mismos, a sus padres y su entorno.

El amor puede ser demostrado a través del lenguaje visual, verbal o en el contacto físico y puede percibirlo a través de la aceptación, comprensión, respeto, reconocimiento de sus habilidades y talentos que le brinda su entorno.

Enséñale a tu hijo que en una misma situación es factible la coexistencia de lo agradable y lo desagradable simultáneamente, con impacto de baja, mediana o alta intensidad, ese decir, que nada es totalmente blanco ni totalmente negro, que el equilibrio perfecto está en la mezcla de ambos y que ser feliz es una decisión personal porque él es el único que puede elegir qué tomar y qué ignorar. La vida es perfecta y la felicidad es un estado mental, por lo tanto, hay que buscar siempre la luz y convivir con ella, manteniendo su equilibrio y la justicia.

Detengámonos en este hecho que genera felicidad: la culminación de una meta.

Hoy concluí un trabajo que venía haciendo con mucho esfuerzo para el cual tuve que superar muchos obstáculos e invertir mucho tiempo. Logré finalizarlo en forma exitosa, gracias a que actué con autodisciplina, meta fija y normas de convivencia adecuadas, todo hizo que me ganara un ascenso en mi lugar de trabajo. Doy gracias a Dios por permitirme vivir esta experiencia, donde fui evaluada de manera positiva como una persona disciplinada, con hábitos de vida sana, exitosa, capaz e inteligente. Siento una gran energía positiva crecer dentro de mí, quiero expresarla riéndome, cantando, bailando y abrazando, de igual manera compartirla con mi familia y amigos más cercanos, en forma responsable. Esta sensación es espectacular, quiero repetirla y mantenerla, por lo tanto, cuando disminuya esta gran efusividad, me plantearé otra meta que dé sentido y dirección a mi vida. Sé que mis hábitos son los que me han permitido vivir saludablemente y alcanzar mis éxitos, por lo tanto pienso mantenerlos. Ellos son: comer equilibradamente, tomar mucha agua, hacer mucho ejercicio, dormir bien, oír música gratificante, ver programas positivos y compartir juegos que estimulen mi paz interna y liberen mi creatividad. También dedicaré tiempo en seguir perfeccionando mis habilidades y desarrollar mis talentos.

La tristeza. La depresión

La tristeza es una sensación alimentada por el pensamiento, es de baja intensidad, pero se mantiene en el tiempo invadiendo todos los espacios. Es un estado mental poco próspero y, en la mayoría de los casos, aflora cuando se toma la decisión de prestar mayor atención a alguna situación o situaciones que afectan negativamente el estado anímico individual o colectivo. Al colocar la lupa en este tipo de situaciones, estas son redimensionadas facilitando aún más la generación de pensamientos con escenarios sombríos, que alimentan el dolor y la frustración.

Si tu hijo, egoístamente, se sumerge en ese mundo, sin pensar en las consecuencias que su actitud puede traer para su entorno –sobre todo a sus seres más queridos–, no podrá observar las cosas bellas que le está brindando su presente, anulará su potencial para disfrutarlas y agradecer a Dios por ellas, perderá las bondades que lleva implícita cada nueva vivencia e impedirá que las personas que lo aman puedan compartirlas con él. Siempre buscará a un culpable, sin darse cuenta que las cosas y las personas son como son y él es el único responsable de aceptar lo positivo de cada situación e ignorar lo poco gratificante de la misma. En otras palabras, si quiere actuar con inteligencia emocional, debe colocar su lupa en lo positivo de esa situación y comenzar a generar pensamientos gratos alrededor de ella y así sacar provecho de la misma.

Detengámonos en estos pensamientos que pueden generar tristeza o por el contrario evitarla:

1. *Me siento frustrado porque hoy puedo perder mi trabajo,* ese es mi fuente de ingreso y yo soy un soporte importante para mi familia. Siento que mis jefes son personas sin corazón, que

lo único que les interesa es que yo haga bien mis labores para que ellos puedan tener éxito en su empresa. Mis compañeros nunca me han aceptado realmente porque son unos egoístas y amargados, piensan que yo no manejo en forma adecuada ciertas habilidades sociales y, de paso, pierdo mucho tiempo con el teléfono, lo cual me impide tener un rendimiento óptimo en mi trabajo.

2. *Me evaluó como una persona incapaz para este cargo* y para ser el sustento económico de mi familia, porque aunque tengo los conocimientos suficientes para el buen desempeño y escalar posición, no manejo como hábito de vida las palabras justicia, meta fija, autodisciplina, consciencia colectiva, trabajo en equipo, ni espíritu cooperativista. Siento un gran peso sobre mi espalda, porque estoy seguro que esto afectará mi calidad de vida y la de mi familia y que seré el responsable del dolor que esto ocasionará a mí y a ellos.

3. *Si soy justo y me coloco en lugar de mis jefes o de mis compañeros, comprendo que ellos tienen razón* porque a mí no me gustaría tener un empleado

al cual estoy pagando un salario y no obtengo los resultados que espero de él, ni me gustaría tener un compañero de trabajo que no cumpla con sus responsabilidades y que las consecuencias de su actitud tengamos que asumirlas los que son responsables. Luego de analizarlo de esta manera me da vergüenza verlos a la cara, no quiero que nadie me hable, siento que se está abriendo un hueco a mis pies y me estoy hundiendo en su oscuridad. Siento mucho dolor moral y pienso que ya nadie me quiere saludar ni tratar y que voy a ser una carga más para mi familia. Sé que todos me critican, porque por mi actitud me van a despedir y voy a perder esta oportunidad. Lo único que deseo es estar solo y llorar, llorar y llorar.

4. *Esta sensación de tristeza y frustración es muy desagradable y no me gusta sentirme así*, no me identifico con ella, yo quiero ser una persona exitosa y feliz y sé que con esta actitud no lo voy a lograr. En el fondo de mi corazón tengo que dar gracias a Dios por lo que pasó, ya que realmente me di cuenta que al no mirar con amor mi trabajo, no disfrutaba de él, por lo

cual no rendía el ciento por ciento, siempre vivía pensando en los defectos del mismo y estaba pendiente del teléfono o que llegara la hora de la salida, me mostraba de mal humor y no trataba bien al jefe, a mis compañeros, ni a mis clientes.

5. *Con esta experiencia comprendí que debo AMAR mi trabajo* para poder disfrutarlo, dar lo mejor de mí y rendir al máximo y así poder hacerlo con excelencia, sin estar pendiente de la hora de salida o del teléfono. Actuaré con responsabilidad, autodisciplina, buena presencia, buenos modales y siempre con una sonrisa en la cara, tratando de resolver todos los obstáculos que se presenten en forma de ganancia recíproca. Mañana me levantaré con una actitud positiva, pensando solamente en qué hacer para arreglar en forma adecuada las cosas con mi jefe, esperando lograr una segunda oportunidad para demostrarle el crecimiento que obtuve a través de esta experiencia, pero si esto ya no tiene solución saldré a buscar un nuevo empleo pero con la actitud de una persona exitosa.

6. *Estoy consciente de que mis hábitos y mis pensamientos son los que me van permitir vivir saludablemente,* disfrutar cada momento de mi vida y alcanzar mis éxitos, por lo cual pienso que –desde este mismo momento– debo ver lo positivo de cada vivencia y colocar allí mi lupa para amplificarlo y practicar hábitos de vida que me sintonicen con el bienestar y la prosperidad.

La ira

La ira es una emoción instintiva de sobrevivencia, es de alta intensidad y si no es manejada adecuadamente puede ser destructiva y expansiva. La ira viene generada por un sentimiento de injusticia, rechazo, decepción, culpa, temor o inseguridad; es un mecanismo de protección que puede ocasionar daño al que la experimenta y a su entorno.

Si tu hijo decide elegir un estímulo que él considera injusto para colocar allí su lupa y amplificarlo, generará pensamientos que le harán sentir frustración, rabia y deseos de venganza. Cada vez que tenga pensamientos alrededor del hecho, liberará catecolaminas, las cuales lo van a preparar para luchar y agredir, y surtirán efectos inmediatos contra él, al aumentar su tensión arterial y la frecuencia cardíaca, el mal humor y las posibilidades de desarrollar cuadros respiratorios, gastritis o irritación del colon. Es decir, con sus pensamientos y actitud estará afectando con violencia todos sus órganos y sistemas y, al mismo tiempo entorpecerá la vida de aquellos que conforman su entorno, ya que siempre necesitará un culpable donde vaciar toda esa energía, para poder liberarse de ella. Mientras él alimenta estos pensamientos, se causa daño a sí mismo y a las personas que lo rodean, dejando una estela de consecuencias que incidirán en el desenvolvimiento familiar, social y laboral.

El manejo adecuado de la ira puede lograrse si tu hijo llega a desarrollar ciertas habilidades sociales como lo son: la compresión, la tolerancia, la aceptación, la asertividad y la negociación en forma de ganancia recíproca.

Orientando la ira en forma adecuada.

Cuando un individuo se ve expuesto a un estímulo que puede lesionarlo responde a través de la ira (provocando o atacando), del miedo (huyendo) o en forma asertiva (enfrentándolo con autocontrol, buscando soluciones y negociando en forma de ganancia reciproca).

La ira puede generar un gran beneficio o un gran daño tanto al que la padece como a su entorno, de allí a que deba ser canalizada adecuadamente desde sus inicios, tanto en el hogar como en los colegios. Ella se va estructurando de acuerdo al aprendizaje que va obteniendo el niño en la medida en que crece y se desarrolla, bien sea para ser utilizada con fines de bienestar personal y colectivo (cuando se canaliza para superar obstáculos en forma de ganancia recíproca), o todo lo contrario, en forma destructiva cuando es guiada a través de miedos, egoísmo e intolerancia. Si la ira no es manejada civilizadamente puede impulsar la agresión, siendo esta el acto de lesionar física o mentalmente a un receptor y cuando se desborda la agresión puede conducir a la violencia y ella es la intensidad o fuerza exagerada con la cual se aplica la provocación o el ataque.

¿La agresividad puede generar conductas positivas?

La agresividad, si está bien manejada puede bloquear el miedo y superar la depresión y la frustración, porque a partir de ella se podrían obtener las energías necesarias para alimentar la valentía y con ella enfrentar y superar en forma *asertiva* los obstáculos.

Tu hijo en sus primeros años de vida solo puede ser agresivo, reacciona instintivamente ante un estímulo que él considera que le está haciendo daño, pero si a medida que tu hijo crece esta agresividad no es manejada adecuadamente, con normas de convivencia y habilidades sociales, puede comenzar a organizar sus ideas y elaborar estrategias para lesionar severamente al que él considera su agresor. Entonces, tu hijo manejará su agresividad a través del rencor y la violencia, lo cual significa que estará preparado para generar problemas dentro y fuera de su hogar.

¿Qué es una conducta asertiva?

La capacidad que desarrolla tu hijo de reconocer cuales son sus deberes y sus derechos, asumiéndolos con honestidad y responsabilidad, junto a la valentía y autocontrol en defenderlos con argumentos y consciencia colectiva se denomina asertividad. Tiene mucho que ver con su actitud de firmeza comunicativa con el entorno y en donde ante los estímulos potencialmente lesivos siempre reaccionará con atención, controlando sus emociones, y concentrando sus pensamientos solo en la raíz del problema y en proponer o ejecutar soluciones con ganancias recíprocas.

¿Qué hacer cuando observas en tu hijo una actitud agresiva por mal manejo de sus frustraciones?

Primero mantén tus emociones bajo control e indícale a tu hijo con firmeza pero con un tono de voz moderado, que respire y se relaje, que tú vas a dejar un espacio para que él logre autocontrolarse y que cuando él considere que se encuentra en condiciones de hablar en forma educada, por favor te llame. Al momento de hablar recuerda que la ira de tu hijo tuvo un detonante, así que toma una actitud de querer comprender sin juzgar, es solo colocarte en el lugar de él y tratarlo como te gustaría que tus padres te trataran a ti, si te encontraras en la posición que tu hijo está ocupando actualmente. Averigua qué lo pudo herir, pregúntale qué pasó, qué lo provoco, por qué actuó de esa forma, qué pensaba y qué logró con esa actitud. Ayúdalo a que él pueda reconocer y expresar si fue un sentimiento de injusticia, rechazo, decepción, culpa, temor o inseguridad. El hecho de ubicar la raíz del problema, y el porqué de sus acciones le permiten argumentar y el poder expresarlos verbalmente, sin sentirse criticado ni gobernado, hará que la frustración en gran medida pierda su potencia y brinde el espacio para que tu hijo sea capaz de reflexionar y pensar en soluciones con ganancias reciprocas. El tener ubicado el problema y la solución ayudará a la ira desaparecer y ahora él podrá colocarse en el lugar de la otra persona y, identificar con honestidad y responsabilidad las consecuencias de sus acciones, ofrecer disculpas y solventarlas. Es el momento de ejercer con disciplina tu rol de padre educador manteniéndote firme a la hora de hacerle asumir las consecuencias del mal manejo de su frustración. Esto evitará desarrollar la agresividad como un comportamiento habitual, alimentará la buena comunicación en esa relación tan importante que deben establecer los padres con sus hijos e impedirá la posibilidad de generar violencia o rencor.

Recuerda a tu hijo que los conflictos están allí para generar cambios que crearán bienestar siempre y cuando los maneje en forma asertiva y con consciencia colectiva. Que se detenga a analizar cual fue la ganancia que obtuvo y que dé gracias a Dios por la oportunidad brindada. Esto le enseñará a ver la luz aun en los momentos más difíciles y alimentará su autoestima.

La ira casi siempre se dispara en tu hijo cuando se siente amenazado o en peligro y no analiza los hechos tal cuales son, sino que de entrada lo juzga como algo injusto. Él considera que no debe estar sometido a ese tipo de situaciones, no acepta que las demás personas no actúen como espera, que quieran colocar límites, que lo provoquen a través de la burla o la ironía, o que las cosas no salgan como él las tiene planificadas.

Cuando tu hijo con agresividad o violencia logra alcanzar su objetivo puede transformar esto en un hábito de vida y a ti en su objetivo con quien practicarla. La fórmula ideal es que cuando tu hijo comience a mostrar esta actitud, apliques inmediatamente como medidas correctivas alejarlo del lugar de los acontecimientos y luego dejarlo solo el tiempo que necesite hasta que logre su autocontrol y se exprese en forma adecuada.

Si tu hijo da una respuesta agresiva y tú a través de tus neuronas espejos la copias y respondes en forma agresiva, esta última se potencia, comienza quizás suave y controlable, pero luego escapa fuera de control (escalada de violencia), y suele suceder cuando alguno de los involucrados, o ambos, responden en forma violenta.

Muchas veces tu hijo no expresa su ira con la persona que la originó, sino con las personas con la cuales él tiene más confianza o tal vez la más débil. Si tiene una situación conflictiva en el colegio o con sus amigos y no actúa en forma adecuada, en otras palabras, con asertividad (defendiendo sus derechos con argumentos, sin violencia), se llenará de frustración y lo más seguro es que al llegar a casa, reaccione en forma agresiva con sus padres o su hermano menor.

El hecho de que tu hijo no esté preparado para expresar y manejar sus emociones adecuadamente, puede crear en él actitudes que lo identifiquen como un ser desadaptado, vale decir agresivo, violento, depresivo, ansioso, con fobias y manías, con bajo rendimiento escolar y con dificultad para socializar con sus compañeros, entre otras. Recuerda que tu rol es educar y no juzgar, que una falla significa la falta de una virtud y te toca a ti como padre educador sembrarla con autocontrol, firmeza, constancia, tolerancia y paciencia.

    Isabel Abreu

Enseña a tu hijo a manejar sus frustraciones a través de argumentos, los cuales deben expresarse con claridad y sin temor de lo que piense, siente o quiere. Que diga lo que le disgusta o lástima, porque eso es ser libre y la libertad es un derecho que él posee y hace respetar cada vez que se expresa con honestidad y asertividad. Si tu hijo aprende a utilizar las palabras para argumentar sus frustraciones y sus talentos para dar soluciones a los conflictos, está contribuyendo a que el espacio donde él se desenvuelve camine hacia la excelencia. Si todos actuáramos buscando la excelencia, conviviríamos con el éxito y la felicidad grupal.

Examinemos estos ejemplos:

1. Quiero asistir a una fiesta que es sumamente importante para mí, pero siento una gran frustración porque mis padres no me dan permiso para ir y todo porque se dieron cuenta de que no estoy respondiendo adecuadamente

con mis responsabilidades estudiantiles. Además, tengo un par de amigos nuevos que no son del agrado de mis padres, debido a que –según ellos– sus hábitos de vida son completamente diferentes a los que tenemos en casa y consideran que estos amigos son una influencia negativa para mí. Creo que mis padres están actuando en forma egoísta creyendo que ellos siempre tienen la razón sin pensar en mí, en que esta es mi vida es mi adolescencia y ellos son mis amigos y yo tengo todo el derecho del mundo de vivir la vida a mi manera y escoger mis propias amistades. No puedo hablar con mis padres porque la rabia es tan grande, que no me permite coordinar mis ideas, las lágrimas están a punto de brotar y no puedo permitirlo, porque no les voy dar el gusto que me vean herido. La verdad es que me provoca tirar todo, no estudiar más e irme de la casa y así demostrarles que soy grande y que no deben conducir mi vida. Estoy cansado de que me sigan imponiendo normas, me sigan castigando y manejando mi vida, siento que si no grito y saco toda esta frustración afuera voy a colapsar.

     Isabel Abreu

¡No sé por qué tengo que calármelos a esta altura de mi vida!

Pero si actúo con justicia y me coloco en el lugar de mis padres e imagino que mi hijo cuando inicia amistad con unos nuevos amigos, comienza a dejar de un lado sus responsabilidades, a cambiar hábitos y estilo de vida, su forma de hablar, vestir y actuar, olvidando sus principios, metas y logros, dejando a un lado sus viejas amistades, si de veras amo a mi hijo y estoy pendiente de él, creo que mi obligación como padre es abrirle los ojos –con autodisciplina y autoridad– para que pueda identificar a sus nuevos amigos como distractores, pues lo están desviando de su camino.

De esa manera podrá decidir finalizar esa relación y retomar la oportunidad que le brinda la vida de alcanzar todas sus metas y lograr sentirse realizado y feliz a través del apoyo de sus padres.

Definitivamente tengo que dar gracias a Dios por los padres que tengo. Por lo tanto debo respirar profundo, calmarme y hablar con ellos. Primeramente, para ofrecerles disculpas y asumir con responsabilidad las consecuencias de mis actos y, luego, agradecerles el hecho de estar pendientes de mí. También, hacerles entender que aprendí de esa experiencia que me permitirá –ahora y en adelante– saber escoger mis amistades, las cuales no estarán relacionadas con psicotrópicos o con emociones fuertes que a la larga pueden lesionarme o lesionar mi entorno, porque al final voy a estar solo a la hora de asumir las consecuencias de los actos en que pueda incurrir bajo la inducción de esas amistades.

Estoy consciente de que mis padres son los dueños del hogar donde vivo y que están haciendo un esfuerzo para apoyarme en el desarrollo de mis talentos y que con ellos, en un futuro no muy lejano, yo puedo alcanzar mi independencia económica y comprar mi apartamento, implantar allí mis normas y comenzar a vivir la vida a mi manera. Pero, mientras dependa económicamente de mis padres debo de asimilar y respetar sus normas, lo cual garantiza la convivencia adecuada y en armonía de todos los miembros de la familia.

2. Creo que van a despedirme en el trabajo, me siento frustrado y no puedo hablar porque la rabia es tan grande que no me permite coordinar mis ideas. Las lágrimas están a punto de brotar y no puedo permitirlo, porque no les voy dar el gusto que me vean herido. Lo cierto es que me provoca agarrar a golpes tanto al jefe como a varios de mis compañeros que, pienso, tenían desde hace tiempo la mirada puesta en mí. Deseo destruir la oficina para que no tengan lugar donde trabajar, pero sé que si grito, los insulto y golpeo puedo tranquilizar un poco esta sed de venganza que está creciendo en mí, al ver la injusticia que van a cometer conmigo. También sé que si actuó de esta manera puedo ser demandado y luego tengo que pagar con cárcel o con dinero todo el daño cometido. Además, les estoy dando una base que les pueda servir de sustento para afirmar que no sé manejar la rabia, motivo por el cual puedo ser objeto de despido. Lo mejor que debo hacer es tener autocontrol, es decir callar, respirar profundo, dominar los movimientos de mi cuerpo y tratar de comprender que fue lo que originó

el conflicto y como puedo resolver mi situación en forma de ganancia recíproca. Debo dar gracias a Dios por este momento, que me va a permitir exponer ante mi jefe y mis compañeros —en forma adecuada y contundente— mis puntos de vista y el autodominio que tengo sobre mis emociones, lo cual me colocaría en un lugar superior a ellos. Asimismo, reflexionar si de verdad quiero continuar en este empleo o, simplemente, es una oportunidad para buscar otro donde pueda desarrollar mejor mis talentos, en un ambiente más confortable para mí y donde me sienta aceptado y respetado. Lo importante en este momento es concentrarme en buscar la solución más adecuada para superar el conflicto y luego me tomaré tiempo para analizar cuál podría ser mi nuevo espacio.

Estoy consciente de que mis hábitos y mis pensamientos son los que me van permitir vivir y convivir saludablemente en armonía conmigo mismo y con mi entorno, y lograr alcanzar mis objetivos en forma de ganancia recíproca al disfrutar cada momento de mi vida. Sé que debo iniciar nuevos hábitos de vida que me identifiquen y me hagan sentir saludable, tolerante, negociador y exitoso, como son: ver lo positivo de cada vivencia y colocar allí mi lupa, entender que la vida y las personas tienen una dinámica propia la cual yo no puedo conducir, pero que mis pensamientos y emociones sí las puedo orientar siempre hacia mis objetivos, actuando siempre con autocontrol y asertividad.

El miedo

Es una emoción que crea malestar físico y mental motivado por un estímulo que hace sentir angustia, temor o terror y donde el que lo padece se observa a sí mismo más débil de lo que realmente es y a los otros –su entorno o, en su defecto sus "enemigos"– mucho más grandes o fuertes de lo que en realidad son, lo que genera parálisis e impide pensar en soluciones efectivas.

Cuando tu hijo está bajo el efecto de sus temores verá potenciales enemigos en todas partes, hasta que decida –con valentía– buscar el origen de sus miedos y con firmeza pararse en la realidad para evaluar los hechos tal cual sucedieron y tasar a cada uno de los involucrado como seres normales sin poderes especiales, a quienes puede confrontar y vencer solo aplicando sus habilidades sociales como la alta autoestima, la fe, la asertividad, el manejo de argumentos efectivos, la firmeza y la justicia.

Enséñale a tu hijo que lo importante es mantenerse arraigado a sus potenciales logros y, con fe y esperanza, generar pensamientos positivos alrededor de sus objetivos, ignorar sus miedos y prepararse para superar con sabiduría cada obstáculo que se presente disfrutando al máximo cada vivencia. Comenzando por agradecer a Dios por todos los dones que él posee, lo cual alimentará su autoestima y dará valentía, luego, orientando sus pensamientos en buscar la raíz del problema, su solución, en el desarrollo de la logística para superar el obstáculo e invertir tiempo en visualizar la satisfacción que va a sentir cuando lo logre.

Veamos esta situación:

1. Estoy lleno de pánico porque mi jefe quiere hablar conmigo y sé que me va a despedir. Parece que no estoy rindiendo adecuadamente en mi trabajo, me la paso hablando con mis

compañeros, porque me buscan conversación y son malos amigos. Ellos hacen que me retrase en mis labores, no quieren ayudarme a culminarlas y son los culpables. Sé que el jefe me está observando todo el tiempo, para luego llamarme la atención y esto hace que yo actué en forma más lenta, luego él descarga conmigo todas sus frustraciones, porque yo soy el más tonto y nunca digo nada. Sé que si hablo para explicar lo que está pasando no me va a creer y me va a echar más rápido. Siento que me tiemblan las manos, estoy sudando frío, me duele el estómago y no quiero perder mi trabajo porque no sé hacer nada más, ni tengo otro sitio donde emplearme.

Debo dar gracias a Dios porque poseo bastante experiencia en mi profesión, lo cual me ha permitido hacer un trabajo de buena calidad y que el jefe haya tolerado mi irresponsabilidad a la hora de administrar mi horario de trabajo. También debo agradecer al Ser Supremo la sabiduría de reflexionar en este momento y reconocer con objetividad la raíz del problema. Le pido valentía y asertividad a la hora de hablar con mi jefe, voy aceptar que realmente él tiene razón, que no me estoy concentrando ciento por ciento en mi trabajo, pero que este trabajo me gusta y quiero conservarlo. Que he reflexionado y pediré, por favor, me dé una segunda oportunidad, y a partir de este momento durante mi horario de trabajo voy a ignorar el teléfono y las interrupciones de mis compañeros, actuaré con responsabilidad concentrándome en desarrollar al máximo mis talentos. Soy consciente de que mis hábitos y mis pensamientos son los que me van permitir asumir el control de mi vida en forma responsable y exitosa, y convivir en armonía conmigo mismo y con mi entorno. Sé que si tengo una autoestima alta, sé valorar mis talentos y habilidades y actúo con firmeza en forma justa y responsable, puedo alcanzar mi independencia económica y el respeto y admiración que merezco de mí mismo, mi familia y mi entorno. También estoy consciente que debo desarrollar hábitos de vida de una persona prospera y exitosa.

Es tu deber como padre tratar de mantener buena comunicación con tus hijos y enseñarles a expresar todos los sentimientos y emociones que van generando día a día, en su casa, colegio o en los diferentes lugares donde tiene que compartir con otros seres humanos. Asegúrate que saben identificarlos y expresarlos en forma civilizada y que aprendan a defenderse con argumentos y no mediante la violencia física o verbal. ¡Recuerda!, tus hijos te observan e imitan, la mejor forma de enseñarlos es a través del ejemplo que tú puedas darle.

Cuando hables con tu hijo de alguna situación traumática en la cual estuvo involucrado, asume una actitud de quererlo comprender, ve sus ojos en señal de respeto sin interrumpirlo y sin juzgarlo, solo ponte en su lugar y permítele que vuelque toda la frustración y ansiedad que lleva escondida dentro de él, hasta que se sienta liberado de la misma. Oriéntalo en ver y evaluar la realidad, buscar soluciones y superarlas.

Si tú amas a tu hijo y este amor se lo demuestras a través de tu capacidad de: aceptarlo tal cual es, guiarlo para que reconozca y exprese sus emociones, reforzarle constantemente todas sus habilidades, canalizarlo con disciplina y autoridad moral en todas sus debilidades, propiciarle espacios y darle apoyo para que pueda desarrollar toda su creatividad y superar sus obstáculos por sí solo con responsabilidad, tú mantendrás en él una sensación de seguridad.

La impulsividad

La persona impulsiva es aquella que actúa en forma reactiva, es decir, de manera inesperada, rápida y desmedida, sin ponderar las consecuencias de sus actos. Si observas que tu hijo manifiesta esta conducta significa que tiene dificultades para manejar y controlar sus impulsos, bien sea por tener una baja tolerancia a la frustración, al stress o poca resistencia a la tentación.

Tómate un tiempo para analizar a tu hijo y si observas que no está manejando –en forma adecuada– las normas de convivencia o habilidades sociales y, como consecuencia de esto, genera conflictos en el hogar, colegio o cualquier lugar donde tenga que compartir con otras personas. Ponte atento, pues, él no está manejando en forma adecuada su autocontrol por tanto está actuando en forma reactiva. Y si le sumas un comportamiento agresivo muy pronto se transformará en un individuo que potencialmente puede hacerse daño a sí mismo o hacer daño a su entorno, incluido su núcleo familiar.

En caso de que tu hijo comience a mostrar conductas impulsivo-agresivas es muy importante que hables con su pediatra lo más pronto posible, para detectar las posibles causas (evaluación neurológica, psicológica y bioquímica, etc.). Es importante el diagnóstico a tiempo y la aplicación de correctivos para evitar que se siembren en él hábitos patológicos o consecuencias difíciles de solventar.

Entre los signos que pueden sugerirte que tu hijo pueda ser un niño impulsivo están: los excesivos movimientos fetales durante su vida intrauterina, el llanto incontrolable los primeros meses de vida, las pataletas recurrentes, lanzar objetos e inclinarse por juegos de alto riesgos, muestras de baja tolerancia al estrés y a la frustración, poco control de sus impulsos, conductas imprudentes y agresivas, impaciente para esperar su turno, intervención en los asuntos de otras personas sin pedir permiso ni estar autorizado, responder antes de que se concluya la formulación de la pregunta, el tener bajo rendimiento escolar por no atender las instrucciones dentro del ambiente escolar, hablar sin parar, entre otros.

Es importante saber reconocer las características de la conducta impulsiva, porque si sabes identificarlas tempranamente y manejarlas adecuadamente con los especialista indicados –neurólogo, psicólogo y terapista conductual– podrás permitir que tu hijo logre desarrollar sus talentos e insertarse en la sociedad como un individuo adaptado y productivo, en otras palabras, un ser exitoso y feliz. Si no es atendido a tiempo y en forma adecuada, estas actitudes pudieran consolidar la personalidad de un niño con déficit de atención con o sin hiperactividad (TDAH), trastornos bipolares, dependencias, trastornos límite de personalidad (TLP), comportamientos antisociales, con dependencia de sustancias psicotrópicas, etc.

Estas conductas que afectan la personalidad obedecen a muchos factores, entre los que vale la pena mencionar: causas de origen genético, bajos niveles de serotonina, disfunción del lóbulo temporal o frontal, intoxicación por metales pesados (mercurio, plomo). También pueden aparecer cuando hay ausencia de normas y hábitos en el hogar, abandono afectivo, maltrato infantil, cambios imprevistos, situaciones traumáticas, divorcio o peleas de los padres, falla en la disciplina o la ausencia de alguien que ejerza autoridad moral.

Hay momentos en que tu hijo puede tratar de originar situaciones conflictivas para poder lograr obtener sus propósitos, de allí a que debes estar pendiente y nunca permitir que a través de la agresividad consiga manipularte, porque si lo logra, estarás reforzando esta conducta. Al inicio puede que no te parezca tan importante, pero a medida que crece con esta actitud, la transformará en un hábito de vida y de repente ya no es un niño, sino que observarás con angustia y temor, que tienes en tu casa un adolescente agresivo, con problemas de adaptación, vale decir, conductas antisociales.

¿Cómo actuar ante las conductas impulsivas de tu hijo?

1. *Mantener el autocontrol y actuar con autodisciplina y tranquilidad.* Los padres, quienes tienen la

autoridad moral, deben recordar que su hijo los observa y a través de sus neuronas espejo los imita.

2. *Reforzamiento negativo. Calma con firmeza.* Colócate a su altura y míralo a los ojos. Explícale lo difícil que te resulta comprenderlo si mantiene su actitud y que esperarás a que se autocontrole, para que pueda comunicarse contigo en forma adecuada. Ínstalo a respirar profundamente varias veces y a relajarse, y para ello lo dejarás solo (aléjalo de tu presencia). No muestres ira, angustia ni miedo solo firmeza y calma, que él comprenda que con su actitud no logrará alcanzar su objetivo.

3. *Guíalo en el control de sus emociones.* Convénselo de que sabes que es difícil para él controlar sus emociones, pero tiene que identificarlas y manejarlas adecuadamente. Que cuando esté sintiendo que su cuerpo se está llenado de ira tendrá que alejarse momentáneamente del agente causante, respirar profundo y repetirse a sí mismo respira relájate, respira relájate, las veces que sean necesarias, hasta lograr alcanzar su autocontrol. Ante una frustración

lo primero que debe hacer es desarrollar autocontrol. Hazle entender que es su deber y que los grandes retos reportarán grandes ganancias, pero también grandes exigencias y, para poder enfrentarlos, debe saber manejar adecuadamente sus emociones y pensar en soluciones con ganancias recíprocas.

4. *Dirige con autoridad moral.* Cero excusas, que asuma las consecuencias de sus actos: recoger lo que lanzó y colocarlo en su lugar, reponer con su dinero lo que rompió, ofrecer disculpas y, dependiendo de la edad, ir al rincón de reflexión, limitarle los videos juegos o las salidas por un día.

5. *Manifiéstale tu afecto y confianza.* Di cuánto lo amas, que estás consciente de que es un ser muy inteligente y es por eso que dedicas parte de tu tiempo en educarlo, pues si él logra convivir en forma adecuada con su entorno y desarrollar sus talentos, tiene asegurado bienestar y prosperidad. Coméntale que tú confías en él y que estás consciente que él puede con eso y con mucho más.

6. *Refuerza su autoestima.* Hazlo cada vez que puedas. Dile que él es único y muy inteligente, que

debe concentrarse en desarrollar sus talentos y siempre "formar parte de la solución y no del problema". Cada vez que observes una actitud adecuada en él no escatimes en reconocérsela a través de felicitaciones o con agradecimientos.

7. *Motívalo a drenar energías con juegos y deportes.* Proponle que participe en deportes exigentes y establece horarios para que compartan juegos donde él tenga que pensar antes de actuar (ajedrez, dama, laberintos, sudoku, diferencias, crucigramas, etc.).

8. *Evalúa las necesidades académicas.* Si tu hijo tiene problema con la escritura, hazlo evaluar por un oftalmólogo. Enséñale ejercicios que permitan tomar el lápiz suavemente pero con una presión y forma adecuadas, estos consisten en jugar a realizar todos los movimientos que él pueda hacer solamente con sus hombros juntos y por separados, proseguir de igual forma con su codo, muñeca y dedos.

¿Cuándo consultar con el neurólogo?

Siempre que observes conductas impulsivas en tu hijo y estas estén acompañadas de agresividad, problemas en el ámbito escolar (lenguaje o escritura), dificultad para la aceptación y respeto de las normas o, en su defecto, cuando actúa en forma irresponsable sin importarle asumir las consecuencias de sus actos, no debes perder tiempo, tu hijo amerita –lo más pronto posible– la evaluación y tratamiento que solo puede suministrarle un equipo de especialistas: neurólogo, pediatra, psicólogo y un terapista conductual. Analiza, la impulsividad + agresividad es considerada actualmente como predictiva de alto índice de delincuencia en la adolescencia, de conductas antisociales y de dependencia de sustancias psicotrópicas.

Si a un niño impulsivo se le trabaja su autoestima y el desarrollo de sus talentos, se adiestra en el manejo de normas de convivencia, de habilidades sociales y se instruye en la práctica de deportes exigentes, aprenderá a manejar la comunicación con su entorno, a resolver sus obstáculos en forma adecuada y bajará notablemente su nivel de agresividad.

El acoso

*En la historia de la humanidad
aquellos que aprenden a cooperar
son los que han prevalecido.*
Charles Robert Darwin

Acoso es una conducta insana de alguien (acosador), reiterativa y mantenida en el tiempo, con la cual pretende humillar y bajar la autoestima de otro ser con el objeto de minimizarlo mentalmente y luego poder manipularlo a su capricho. El acosador maltrata psicológicamente y afecta la emotividad de la víctima, quien pierde la objetividad y no percibe que se le están violentando sus derechos, y poco a poco se va llenando de inseguridades y miedos que la deprimen y pueden conducirla al suicidio.

Las personas acosadoras no logran reconocer el equilibrio que debe existir entre sus deberes y sus derechos, para ellos sus deberes suelen ser muy pocos y son los únicos que tienen derecho a pensar, sentir, actuar y la verdad que existe es la de ellos y si alguien no está de acuerdo inmediatamente lo cataloga de enemigo y trata de humillarlo, debilitándolo psicológicamente para poder manejarlo a su antojo.

Son seres desadaptados que se caracterizan por ser intolerantes, competitivos, irrespetuosos, infelices y violentos e interactúan a través de conductas tóxicas, creando disonancia con ellos mismos y su entorno. Las conductas tóxicas son actitudes que asumen para poder mantener la apariencia de superioridad y lo que en verdad hacen es enmascarar su inseguridad. Esas conductas son utilizadas en forma aislada o repetitiva y consiste en observar y sacar a relucir todo lo desfavorable de las personas con las cuales entran en contacto para así someterlas y demostrar su supremacía. Viven presto a atacar en forma de violencia verbal, gesticulaciones o asumiendo el papel de víctima mientras esconden tras sí una actitud de verdugo. Por otro lado, se niegan a aceptar que otras personas puedan ser más inteligentes o tal vez tener en algún momento la razón. Otra forma de creerse superiores es propiciando conflictos para luego sentirse importante al ofrecer soluciones. Aun así, no tienen la capacidad de poder visualizar que con sus actos están lesionando a otros seres y que al final esto se revertirá contra de ellos

Tu deber como padre es hacer comprender a tu hijo que una personalidad toxica tiene su origen en todas aquellas vivencias negativas que tuvo que experimentar ese ser humano en sus primeros años de vida y que llegaron a él a través de sus seres más queridos en forma de violencia física, psíquica o de abandono. Ellas fueron erosionando su autoestima, transformándolo en un ser inseguro, lleno de frustraciones y resentimientos, que no se acepta a sí mismo, siente miedo de ser atacado en cualquier momento y ve enemigos hasta en sus seres más cercanos, lo cual quiere decir que su vida es un caos y necesita buscar seguridad, apoyo y reconocimiento de los que forman parte de su ambiente (familiar, escolar, trabajo, juegos, etc.), aunque las herramientas que utiliza para lograrlo no sean las más adecuadas ¡pero! son las únicas que él sabe manejar.

¿Cómo evitar que tu hijo actúe como acosador o sea la víctima?

1. *Incúlcale el ser justo y despiértale el espíritu de cooperación y no de la competencia mal concebida.* Háblale de soluciones con ganancias recíprocas y encamínalo a desarrollar consciencia colectiva y bloquear el sentimiento egoísta.

2. *Enséñale como hábito de vida el mantener una*

autoestima alta que reporte seguridad, valentía y firmeza desde muy temprana edad.

3. *Guíalo a conducirse con tolerancia y reconocer a cada ser tal cual es,* con semejanzas que puede acompañar y diferencias que –aunque no las comparta– debe respetar.

4. *Descríbele las características que poseen las personas acosadas y los acosadores para que aprenda a identificarlos e ignorarlos* siempre y cuando el acoso no esté acompañado de agresividad o violencia. Asimismo debe comprender que, por el bienestar de él, la víctima, el acosador y su entorno, tu hijo está en la *obligación de denunciar* el hecho inmediatamente porque tanto el acosador como su víctima necesitan ayuda.

5. *Oriéntalo en el diagnóstico de las conductas intolerantes* como son burlar, criticar, gesticular o mirar de forma inadecuada, maltratar física o verbalmente, excluir o aislar a compañeros del ámbito escolar o del entorno familiar mediante argumentos falsos o denigrantes.

6. *Despiértale el sentimiento de compasión,* coméntale que las que personas que actúan de esa manera son seres muy inmaduros desde el punto

de vista emocional. Tal vez porque crecieron en un hogar donde les fue negada la oportunidad de desarrollar ciertas habilidades sociales o como consecuencia de los múltiples traumas que tuvieron que padecer en su infancia.

7. *Hazle saber que el acosador percibe al mundo como un lugar pequeño, violento e inseguro* y sus análisis cotidianos son solo para valorar lo que él piensa o siente e ignorando a los otros, lo cual lo hace ser muy egoísta. Por otro lado piensa que nadie lo comprende, esto le crea una gran frustración y fantasea al ver a todas aquellas personas que no sintonizan con su forma de pensar y actuar, o a las que poseen bienes o talentos que él ambiciona, como sus potenciales enemigos.

8. *Adiéstralo para que tenga una actitud ideal ante un acosador:* primero tratar de entender cual es el origen de sus acciones, para luego elaborar una respuesta inteligente donde pueda haber ganancia recíproca. Que observe y busque virtudes en las personas acosadoras y cuando las encuentre, trate de resaltárselas públicamente a través del agradecimiento o de felicitaciones,

esto aumentará en ellos su autoestima y estarán muy complacidos con él.

9. *Deja siempre claro que no está permitido a ningún miembro de la familia practicar el maltrato físico o psicológico bien sea fuera o dentro del hogar.* Que tu hijo es un individuo muy inteligente y que tú tienes la plena seguridad y confianza que con las habilidades sociales que él posee puede resolver cualquier situación con asertividad, con argumentos y sin violencia. Cuando alguno de los miembros de la familia pierde el control y actúa en forma impetuosa e irrespetuosa, debes aclarar inmediatamente que con su actitud lesionó a la otra persona y con disciplina hazle asumir las consecuencias de sus actos. Primero reconociendo a través de la disculpa pública que su actitud fue inapropiada y luego cumpliendo las sanciones previamente concertadas las cuales –dependiendo de la edad del que la produjo– pueden ser desde dirigirse al rincón de meditación hasta retirar por un tiempo determinado los juegos electrónicos, los teléfonos o las salidas. Lo que siempre se debe mantener es la práctica de los deportes.

10. *Enseña a tu hijo a ver sus cualidades y a ser agradecido por ellas.* Que piense y razone las posibles causas por las cuales alguien quiera agredirlo, como es el caso de poseer algo que atrae a esa persona –habilidades sociales, intelectuales, deportivas, artísticas o físicas–. Y que aprenda a aprovechar esos momentos para dar gracias a Dios por los talentos que posee y trate de ignorar la actitud inadecuada de la otra u otras personas.

11. *Una actitud inteligente que tu hijo puede adoptar cuando entra en contacto con un acosador es respirar profundo, observar, callar e ignorar.* ¡Qué reflexione! El problema no está solamente en la actitud tóxica que puedan manifestar esas personas, sino en el poder que les da al conseguir despertar en otros miedo, vergüenza o ira. ¡Despiértalo! comentando a tu hijo que el acosador no lo está maltratando directamente a él, simplemente esa es la forma que este tipo de personas utilizan para comunicarse con su entorno y así poder dominarlo. Por cosas de la vida, en su presente él forma parte de ese espacio, que comprenda que no está en su poder

modificar la actitud de esa persona pero sí está bajo su potestad el decidir si se somete a ella o simplemente la ignora. Que recuerde que la vida es un juego y que hay que jugarlo cotidianamente negociando ganancias reciprocas, que él siempre va a recoger lo que ha sembrado y que es mejor caminar por la vida lleno de amigos y no de enemigos.

Si tu hijo presta atención a las expresiones violentas y provocativas de otras personas, está abriendo las puertas para que ellas puedan meterse en su interior, generarle cambios en su estado anímico y sembrarle disgustos, frustraciones o vergüenza por lo que es o hace.

El aprendizaje más importante que va a recibir tu hijo viene del hogar, allí está el germen de lo que aflorará durante su vida porque él te observa e imita continuamente. Recuerda, si te dedicas solo a observar las actitudes negativas de tu hijo para reprenderlo, gritarle, pegarle, burlarte u ofenderlo estás practicando acoso en el hogar, y tu hijo copiará este patrón conductual como algo normal que replicará cada vez que tenga que interactuar contigo o con su entorno. Al observar una actitud de autocontrol, tolerancia o respeto en tu hijo o en tu entorno debes estar pendiente de reforzarla inmediatamente en forma positiva, resaltando la cualidad a través de felicitaciones o agradecimientos, lo que reafirmará esta virtud en el involucrado y en las otras personas con las cuales interactúa en ese momento (reforzamiento positivo).

Detengámonos en los casos que se describen a continuación y analicemos las conductas que se desprenden de ellos:

1. Katy es una niña de 7 años de edad cuyo percentil de crecimiento siempre ha estado en el límite inferior requerido para su edad y, por supuesto, en el colegio siempre ha formado parte de las niñas con estaturas más bajas. Sus padres –muy inteligentes que la aceptan y la aman tal cual es– le han enseñado desde sus primeros días de vida la importancia de reconocer sus talentos y desarrollarlos. Ellos están conscientes de que el niño mientras más logros

tenga más alta será su autoestima, que la felicidad y el éxito de un ser humano no va a depender de su cuerpo o de las cosas materiales que posee, sino de su capacidad de aceptarse y amarse tal cual es y de desarrollar sus talentos para su beneficio y el beneficio de su entorno. Desde muy pequeña sus padres la han inscrito en clases de baile, canto, deportes, sin prestar atención en lo más mínimo a la estatura, simplemente se han dejado llevar por el interés de Katy. Ellos han reforzado lo inteligente que es cada vez que logra resolver sus obstáculos en forma de ganar-ganar. Cuando la niña dice a sus padres que no puede con algo, inmediatamente ellos le hacen entender que es inteligentísima y que quizás en ese momento se siente desilusionada porque observa que con su esfuerzo no logra los resultados que desea. Igualmente sugieren que respire profundo, se relaje y lo intente nuevamente porque ella puede con eso y mucho más. También, que es lógico y entendible que en algunos momentos se sienta frustrada pero lo que nunca puede permitirse es dejar de intentarlo las veces que sean necesarias hasta hacerlo realidad. En el hogar de Katy se maneja una muy buena comunicación, existen normas y hábitos de personas disciplinadas y con autoridad moral, de allí a que la niña sea feliz, líder y exitosa, además, agradecida con Dios y la vida por los padres que tiene y los talentos que posee.

2. La madre de Katy siempre le ha dicho que hay que tener consideración y ternura hacia niños que en algún momento manifiesten conductas acosadoras porque, lamentablemente, ellos no pudieron ni pueden disfrutar de la tranquilidad de un hogar donde les enseñen normas de convivencia. Quizás en la casa los padres no manejan bien el autocontrol y se dejan llevar por sus emociones sin saber el daño que están causando en su hijo, por eso gritan, utilizan adjetivos descalificativos, la ironía o las burlas y el niño en el colegio repite todo lo que aprende en su hogar.

3. Katy es trasladada a un colegio para cursar su 1º grado. Allí se encuentra con niñas que tienen la misma edad (siete años) o son mayores que ella pero su estatura llama la atención en el

grupo donde le toca desenvolverse. Todo transcurre normalmente y su capacidad de adaptación fue muy buena, lo que hace a sus padres felices y orgullosos de su hija. Tres meses más tarde, la mamá de Katy recibe una llamada telefónica de la madre de una de las compañeritas, quien quería notificarle que estaba siendo víctima de acoso en el colegio puesto que todas las niñas eran altas y existían solo tres pequeñas: su hija, la de una amiga de ella y Katy. Le comentó que ella y su amiga se habían entrevistado con la maestra, quien no obró como ellas esperaban. Asimismo, esperaron a las compañeritas de sus hijas a la salida del colegio para hablarles y la actitud de ellas fue de burla e indiferencia. Ella quería conocer qué actitud estaba dispuesta a asumir la madre de Katy ante esa situación. La respuesta fue muy inteligente. Dijo que no tenía noción de lo que estaba pasando pero que hablaría con su hija cuando regresara del colegio. Al llegar Katy a casa su madre preguntó sobre la veracidad del acoso y la respuesta fue afirmativa. Ante este hecho la madre sorprendida interroga sobre el por qué no se lo había comentado. La niña respondió que, generalmente, ella y las otras dos concluían sus tareas primero que las demás por ser muy inteligentes, razón por la cual la maestra las tomaba más en cuenta que a las otras. Esto causaba incomodidad al resto de niñas pero era normal que ocurriese y solo habría que esperar un poco y darles tiempo, pues seguro se les pasaría.

La compasión y la indiferencia son las armas más efectivas para evitar engancharse con una actitud tóxica, además esto puede permitir hacer reflexionar al acosador, ayudándolo a educarse y curar sus heridas. Tu hijo –tú o cualquier persona– debe saber que si no logra comprender y sentir piedad por la personalidad del acosador puede quedar capturado en su juego y reclutado en el rencor y necesidad de venganza. Esto lo apartará de su propio centro, no le permitirá seguir avanzando en el desarrollo de sus talentos y al perder su autoestima perderá el control de sí mismo y se lo entregará a su victimario.

Todos deberíamos estar consciente del espacio al que se tiene derecho, espacio que hay que defender ignorando al acosador y actuando con autocontrol, es decir, tu hijo tiene que invertir su energía e inteligencia en preparar los argumentos para defender sus derechos sin perder tiempo en hacer juicios sobre la persona que lo quiere lastimar. Que aprenda a ser agradecido con Dios y la vida por permitirle tener unos padres que lo aman y le enseñaron herramientas de comunicación y convivencia completamente diferentes.

> Quien domina la palabra espacio puede reconocer, establecer y respetar límites. Donde existen límites se implementan y respetan normas de convivencia. Donde se conocen y respetan las normas de convivencia no tiene cabida la palabra *ACOSO*.

Si tu hijo actúa en forma transparente, ocupa el sitio que le corresponde (ubicarse), coloca "cada cosa en su lugar", no vive juzgando las conductas de los seres que lo rodean, defiende sus puntos de vista con argumentos y no con violencia, es tolerante, sabe ver a los ojos de las otras personas y escuchar sus razonamiento respetándole así sus espacios y haciéndoles sentir que al igual que él ellas también existen ¡¡¡FELICÍTALO!!! Él está en el lado adecuado, es una persona equilibrada, civilizada, con la autoestima alta, que puede trabajar en equipo y convivir en armonía. Es muy importante que tu hijo siempre tenga los ojos, oídos y mente abiertos a identificar en qué lado se encuentra ubicado y guíalo para que siempre sea del lado correcto.

Fórmula para alcanzar la satisfacción personal

* Honestidad y claridad mental: saber lo que quieres y para qué lo quieres.
* Consciencia colectiva: entender que no estás solo en este mundo.
* Equilibrar las vibraciones emocionales hasta conseguir la armonía.
* Sintonizar con lo que quieres oír, ver o hacer hasta sentirte el dueño de tu vida.
* Fe y esperanza hasta alcanzar tus propósitos.
* Tomar lo que te complace.
* Soltar lo que te incomoda.
* Sabiduría en tus decisiones.
* Firmeza en tus acciones.
* Agradecimiento en tu corazón.